0

I0090425

La Matrix et le Savoir Interdit

Écrit par Malik Bade
@ACENSIONRISE

Traduit par Elias Bouhedda
@ASCENSION_COLLECTIVE

Tables de matières

Tables de matières

Introduction

Les secrets les plus importants qui ont été cachés au grand public vont maintenant être révélés dans ce livre. J'y dévoile une myriade de mystères et de vérités gênantes sur le monde dans lequel nous vivons. Il est temps de se lever et de faire quelque chose de révolutionnaire pour arrêter le mal qui nous torture depuis des décennies ! Ce livre vous dit tout ce que vous devez savoir sur l'univers, des sociétés secrètes et des agendas cachés aux phénomènes extraordinaires, de la manière la plus approfondie et la plus probante possible. Il vous met également en garde contre les événements passés et à venir. Ce livre sera écrit de manière à ce qu'il soit facile à comprendre pour les débutants et les nouveaux venus, ce qui en fera un document d'information révolutionnaire qui durera des générations.

J'ai été déplacé et censuré de nombreuses fois au cours des années, c'est pourquoi j'ai décidé de tout révéler d'un seul coup! Les grandes entreprises technologiques et l'élite mondiale ont un plan pour réduire au silence et tuer ceux qui s'opposent à leurs plans diaboliques. Cette publication finira par faire jaillir un torrent de lumière qui démantèlera la hiérarchie maléfique une à une ! Maintenant que nous sommes bien conscients de la fin des temps que nous vivons, l'opposition cherche désespérément à dissimuler les informations qui libéreront l'humanité. Nous devons utiliser nos ressources et commencer notre introspection en déchiffrant les mensonges et les contes propagés par nos médias, notre gouvernement et nos influenceurs à la lumière de l'accessibilité de l'information et de l'éveil mondial. Enfin, ce livre est la vérité la plus brutale que l'on puisse lire, alors préparez-vous et faites l'effort de comprendre chaque chapitre avec un esprit et une perspective ouverts. Ce livre est utile à tous ceux qui veulent connaître la vérité sur ce qui se passe dans le monde et derrière les portes closes. En tant que peuple unifié, nous devons faire face à de plus grandes motivations maléfiques et entrer dans une période où nous devons prendre les choses au sérieux. Ensemble, nous devons nous préparer consciemment et mentalement.

Commençons à démystifier les mensonges et les stratégies programmatiques que la société a appris, et cherchons la vérité pour nous libérer de la matrice. Après avoir lu ce livre, vous commencerez à être éclairé et à prendre pleinement conscience des événements en cours dans cette réalité. Ce livre vous apportera des réponses ainsi que la dure réalité : nous vivons maintenant dans une période où « la vérité est plus dérangeante qu'un mensonge ».

Chapitre 1 : La Matrice - Introduction

Êtes-Vous Prêt Pour La Vérité ?

La Matrice : Qu'est-ce que c'est ?

On peut se demander ce qu'est la matrice. Pour répondre à cette question, la matrice est un système dans lequel l'humanité est continuellement stimulée par une programmation conditionnelle. C'est une réalité dans laquelle la médiocrité est acceptée et où l'humanité est finalement piégée et asservie. Cela vous semble-t-il familier ? Une structure environnementale dans laquelle les choses se développent et se manifestent est également liée au terme « matrice ». Le mot « matrice » en sanskrit, qui signifie « pouvoir de l'illusion », fait référence à cette réalité holographique projetée par la conscience. Mathématiquement, une matrice est un ensemble de nombres, de symboles ou d'expressions disposés en rangées, qui projettent visuellement l'illusion de possibilités infinies.

L'énergie et les atomes constituent la réalité multidimensionnelle dans laquelle nous vivons. Les atomes occupent 99,9 % de l'espace vide, ce qui constitue la matière (physique) qui s'est manifestée dans la conscience de la perception. C'est le cas de notre environnement et de notre corps, qui sont constitués à 99,9 % d'espace vide. C'est la couverture de la réalité holographique dans laquelle nous vivons, qui nous donne l'illusion d'un monde physique, alors que tout est vide. Les équations qui décrivent notre réalité contiennent des codes informatiques, que l'on appelle mathématiquement une « matrice ». L'expérience de la double fente, qui a établi que le facteur déterminant de l'énergie au niveau quantique est la conscience de l'observateur, est une illustration de l'application de la physique quantique au phénomène par lequel nos pensées deviennent réalité.

Il est admis depuis longtemps que la structure de la réalité est un hologramme qui peut être modifié. Fait intéressant, en 1983, la CIA a évalué la théorie de la réalité holographique dans le cadre d'une enquête sur la conscience humaine.

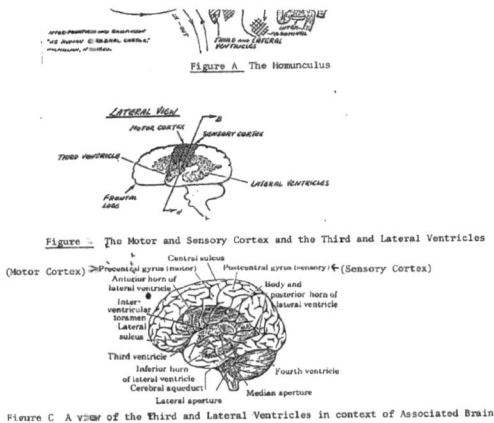

Analyse Et Évaluation Du Processus De Passerelle Par La CIA : Documents Déclassifiés

L'illusion du Temps et de l'Espace

La Terre et la vie elle-même sont des êtres vivants qui peuvent être reliés à l'énergie et aux vibrations. Cette réalité est constituée d'atomes et d'une quantité infinie d'énergie qui circule dans le champ énergétique de la Terre. De ce fait, toute perception de la réalité n'est qu'une expression de la même énergie remplie de conscience. Dans ce que l'on appelle un « monde basé sur la pensée », on nous a appris à interpréter la vie en fonction de nos pensées. Rien n'existe en dehors de ce qui est autorisé. La conscience humaine a été détournée et manipulée pour nous faire croire que cette réalité - la réalité tridimensionnelle - est réelle et qu'elle est tout ce qu'il y a. En raison d'un état de pensées contrôlées et gouvernées, les perceptions humaines sont limitées.

Comme tout est fait d'atomes, c'est notre esprit qui donne l'illusion de l'existence aux objets solitaires que nous voyons. La construction de base de l'univers est une information de forme d'onde codée sous forme de résonance vibratoire. J'appellerai ce système d'information ondulatoire l'« Univers métaphysique », et il contient les champs d'information à partir desquels tout se manifeste. Par le biais du système informatique corps-esprit, nous décodons ces informations dans le monde « solide » illusoire auquel nous croyons et dans lequel nous vivons chaque jour. Nous sommes une conscience infinie et éternelle qui fait l'expérience d'une gamme de fréquences limitée que nous appelons le « monde physique », mais qui n'en est pas un. Nous ne sommes pas définis par notre nom, notre corps, notre profession, notre histoire familiale, notre race, notre couleur ou notre niveau de revenu. Ces éléments représentent notre situation actuelle ; ils ne constituent pas notre identité. Nous sommes la conscience - une conscience éternelle et infinie

C'est pourquoi on dit que nous sommes « tous un » ou, en d'autres termes, une seule « conscience infinie » avec différentes expériences basées sur des niveaux variables de conscience et de perception. De l'utérus à la tombe, le système de contrôle veut nous maintenir divisés. Notre esprit et notre corps sont des systèmes qui aident notre conscience infinie à interagir avec ce spectre de fréquences que nous appelons le « monde » en décodant ces informations. Selon Albert Einstein, la réalité est une illusion persistante. Elle est « persistante » parce que nous sommes dans un hologramme avec lequel nous décodons une construction d'information en une forme « physique illusoire » à partir du système de grille de la matrice mondiale. L'information est encodée dans une forme d'onde, une vibration énergétique ou une résonance.

Manipulation Mondiale de l'Énergie

Le monde est simplement une forme de conscience. Cependant, des concepts de basse vibration ont détourné cette réalité. Ils sont capables de contrôler efficacement les gens en leur lavant le cerveau et en contrôlant la société. La loi de l'attraction garantit que les mêmes vibrations nous reviennent chaque fois que nous modifions nos attitudes, nos perceptions et nos modes de pensée. Par conséquent, nous recevons la même énergie en retour lorsque nous agissons de manière irrationnelle en accord avec nos sens les plus bas. Toutes les formes de vie et d'action, y compris le comportement, la consommation, la fréquence et la dualité, sont porteuses de ce que nous appelons la vibration. Elle est basée sur toute la matière de l'univers. La matrice s'effondrera lorsque nous serons tous capables de nous élever au-dessus de la gamme des archontes et des basses fréquences ! Les archontes sont des esprits que l'on qualifie de bâtisseurs de l'univers physique ou, plus exactement, de parasites qui consomment nos basses vibrations et extraient notre énergie. Un certain nombre de pouvoirs mondiaux ont été créés par des divinités subordonnées dans le monde matériel.

Le système éducatif et les médias nous disent de croire en ceci et en cela sans nous permettre de faire nos propres recherches. En supprimant l'information sur la connaissance et la perception des capacités et des possibilités, cet hologramme a été pris en charge. La conscience et la perception de ce qui est considéré comme la réalité sont limitées par l'acceptation de croire que ce qui est dit est possible.

Les Archontes sont les créateurs de l'univers physique dans le gnosticisme et les religions proches. Les âmes sont empêchées de quitter le monde matériel par les Archontes.

Expérience d'Asch (Tests de Conformité)

La psychologie de la conformité - définie comme « un comportement conforme aux conventions ou aux normes socialement acceptées » - en est un excellent exemple.

Dans les années 1950, Solomon Asch a réalisé une série de tests psychologiques connus sous le nom d'« expériences de conformité d'Asch ». Les résultats de ces expériences ont montré à quel point les opinions d'une personne sont influencées par celles des autres. Asch a découvert que pour se conformer au reste du groupe, les individus étaient prêts à ignorer la réalité, leur propre pensée indépendante et à fournir une réponse incorrecte en suivant l'opinion socialement dominante basée sur les réponses de la majorité.

L'expérience d'Asch a démontré le pouvoir insensé et terrifiant de la pression exercée par les pairs, qui est très répandue dans notre société moderne et extrêmement dangereuse étant donné que la majorité des gens n'ont pas la capacité de penser par eux-mêmes. Parce que nous sommes câblés pour être d'accord avec la majorité, les inventeurs en herbe sont souvent considérés comme fous ou dangereux. Les gens sont plus puissants lorsqu'ils suivent le troupeau ou le pouvoir du nombre ; cependant, à l'échelle d'une masse, à quel type ce pouvoir nous livrons-nous ? Comme vous le constaterez bientôt, dans ce grand schéma, nous accordons le pouvoir à l'élite tyrannique parce que nous avons pris la décision consciente de nous soumettre à son autorité. En conséquence, la manipulation de la planète se poursuit. Notre réalité moderne démontre le conformisme de façon répétée : les individus qui se conforment aux croyances conditionnées du courant dominant profitent aux autorités supérieures pour faciliter le contrôle de la population. Évitez le conformisme et luttez pour la vérité - l'instinct de survie.

Réalité Détournée / Manipulation de l'Énergie

Étant donné que l'intelligence artificielle assujettit l'humanité et déforme la vérité, les élites abaissent constamment la fréquence de la Terre. C'est la principale raison pour laquelle les gens rejettent la vérité, car celle-ci ne peut être perçue comme possible en raison de la pensée conditionnée. L'objectif de l'élite en abaissant la vibration n'est pas seulement de contrôler la perception et la pensée, mais aussi de réduire la conscience à un état vibratoire inférieur, ce qui perpétue le cycle de simulation.

Les élites ont créé beaucoup de choses pour déformer artificiellement l'esprit afin de le supprimer, ce qui conduit la majorité des gens à vivre dans des prisons mentales. Des choses comme la religion et la propagande dominante, que les élitistes ont établies, ont contrôlé le chemin d'innombrables vies et nous ont séparés de l'information qui nous libérerait, nous empêchant d'accéder à des connaissances et à une prise de conscience utiles.

Le but de tout est de s'isoler de la nature réelle du pouvoir. Ils nient votre libre arbitre en vous donnant le choix, dès la naissance, de ce qui vous conditionnera et vous contrôlera. La peur a été utilisée pendant des milliers d'années pour déplacer ces champs d'énergie dans le corps. L'état vibratoire de l'énergie détermine ce qui nous attire, conformément aux lois de l'univers (12).

Chapitre 2 : Qui Contrôle le Monde ? - Introduction

Chapitre 2 : Qui Contrôle le Monde ?

Introduction

Il existe une hiérarchie dans la façon dont les choses sont faites sur cette planète. Les 1 % d'élitistes mondiaux qui soutiennent le « programme luciférien » et le « nouvel ordre mondial » sont ceux qui établissent cette structure hiérarchique. Ils font partie des personnes qui occupent les plus hauts postes de pouvoir et d'emploi dans le monde entier. Les « Illuminati » sont un nom dont tout le monde a certainement entendu parler. En fait, ils existent et règnent depuis des siècles. La population est contrôlée par les Illuminati et d'autres sociétés secrètes dans le cadre de la structure pyramidale de la hiérarchie. L'objectif des groupes élitistes en charge de la gouvernance - les banques, la Réserve fédérale et d'autres institutions - est d'établir un « nouvel ordre mondial » libéré d'un système asservissant. Ils sont influencés et inspirés par Satan. L'objectif constructif des Illuminati est d'utiliser le chaos pour prendre le contrôle dans le cadre de la doctrine luciférienne. Le 1er mai 1776, Adam Weishaupt a créé les Illuminati de Bavière. Afin de s'opposer à l'agenda luciférien sur la race humaine, la modernisation de l'établissement était destinée à réviser et à crypter les anciens protocoles du satanisme et de la domination mondiale.

La doctrine luciférienne sur le projet de « gouvernement mondial » des élites se retrouve dans la littérature franc-maçonne et satanique.

Nouvel Ordre Mondial

Nous avons tous entendu des politiciens et des gouvernements utiliser l'expression « Nouvel Ordre Mondial » à un moment ou à un autre, et ce n'est pas rare. Ce terme est une analogie directe ce leurs objectifs, qui ont été mis en œuvre depuis le règne d'Hitler jusqu'à aujourd'hui. Voici quelques exemples de personnages notables :

Le Nouvel Ordre Mondial est-il une théorie ? Demandez à ces types !

"Certains croient même que nous faisons partie d'une cabale secrète œuvrant contre les meilleurs intérêts des États-Unis, caractérisant ma famille et moi comme des 'internationalistes' et nous accusant de conspirer avec d'autres à travers le monde pour construire une structure politique et économique mondiale plus intégrée - un monde unique, si vous voulez. Si c'est l'accusation, je me déclare coupable et j'en suis fier."
— David Rockefeller, extrait de son livre Mémoires, page 405.

"Le national-socialisme utilisera sa propre révolution pour établir un nouvel ordre mondial !"
— Adolf Hitler

"La guerre en Irak est une rare opportunité de progresser vers une période historique de coopération. De ces temps troublés... un nouvel ordre mondial peut émerger."
— George Herbert Walker Bush

"Quoi qu'il arrive, quel que soit le résultat, un Nouvel Ordre va émerger dans le monde... Il sera soutenu par le pouvoir policier. Lorsque la paix viendra cette fois, il y aura un Nouvel Ordre de justice sociale."

"Nous n'allons pas parvenir à un nouvel ordre mondial sans le payer en sang, ainsi qu'en paroles et en argent."
— Arthur Schlesinger Jr., dans Foreign Affairs (juillet/août 1995)

"Nous aurons un gouvernement mondial, que cela vous plaise ou non, par la conquête ou par le consentement."
— Déclaration de James Warburg, membre du Council on Foreign Relations (CFR), devant la Commission des relations étrangères du Sénat, le 17 février 1950

(David Rockefeller, Adolf Hitler, Arthur Schlesinger Jr, James Warburg, membre du CFR)

1. **Walter Cronkite :** « Il semble à beaucoup d'entre nous que si nous voulons éviter un éventuel conflit mondial catastrophique, nous devons renforcer les Nations Unies comme première étape vers un gouvernement mondial. »
2. **Walter Cronkite (2) :** « Un système d'ordre mondial - de préférence un système de gouvernement mondial - est obligatoire... Les nations fières verront un jour la lumière et, pour le bien commun et leur propre survie, renonceront à leur précieuse souveraineté. »
3. **Henry A. Kissinger:** « Le nouvel ordre mondial ne peut se faire sans la participation des États-Unis, car nous en sommes la composante la plus importante. Oui, il y aura un nouvel ordre mondial, et il obligera les États-Unis à changer leurs perceptions. »

4. **Dwight D. Eisenhower:** « Si les Nations unies admettent un jour que les différends internationaux peuvent être réglés par la force, alors nous aurons détruit le fondement de l'organisation et notre meilleur espoir d'établir un ordre mondial. »

5. **Alice Bailey:** « Aujourd'hui, l'Europe peut proposer les principes et les règles qui façonneront un nouvel ordre mondial. » - Alice Bailey, dans Psychologie Ésotérique (1942)

6. **Mikhail Gorbachev:** « Nous avons eu dix ans après la guerre froide pour construire un nouvel ordre mondial et nous les avons gaspillés. Les États-Unis ne peuvent tolérer que quiconque agisse de manière indépendante. Chaque président américain doit avoir une guerre. »

7. **Nelson Rockefeller:** « L'État-nation devient de moins en moins compétent pour accomplir ses tâches politiques internationales... Ce sont là quelques-unes des raisons qui nous poussent à nous engager vigoureusement dans l'édification d'un véritable nouvel ordre mondial. »

8. **Joe Biden:** « La « tâche positive » qui nous incombe est de créer un nouvel ordre mondial » - 6 avril 2013

9. **Joe Biden:** « Comment j'ai appris à aimer le Nouvel Ordre Mondial. »

10. **H. G. Wells:** « Il suffit que les gouvernements de la Grande-Bretagne, des États-Unis, de la France, de l'Allemagne et de la Russie se réunissent pour mettre en place un contrôle efficace de la monnaie, du crédit, de la production et de la distribution, c'est-à-dire une véritable « dictature de la prospérité » pour le monde entier. Les quelque soixante autres États devraient s'y rallier ou s'accommoder des décisions de ces grandes puissances. »

11. **Paul Warburg:** « Nous aurons un gouvernement mondial, que vous le vouliez ou non. La seule question est de savoir si ce gouvernement se fera par la conquête ou par le consentement. »

Introduction du Nouvel Ordre Mondial (NOM)

Ce ne sont là que quelques-unes des nombreuses références au « Nouvel Ordre Mondial » faites par des personnalités et des gouvernants. Mais qu'est-ce que cela signifie ? Le Nouvel Ordre Mondial, également connu sous le nom d'agenda luciférien, est une stratégie de domination globale sous un gouvernement mondial unique et un système d'asservissement.

Le Nouvel Ordre Mondial (NOM) est fondé sur la cupidité et le pouvoir sur les autres. Il s'agit d'une méthode pour contrôler les gens à travers les politiques, l'économie et tout ce qui a trait à la vie, aux pensées et aux croyances. Tout au long de l'histoire, de nombreuses puissances mondiales ont existé. L'Empire romain, l'Empire britannique, la superpuissance anglo-américaine et l'ex-Union soviétique en sont des exemples faciles à suivre. En s'étendant au-delà de leurs frontières et en acquérant une position dominante dans leurs filiales nationales, ces « empires » ont cherché à exploiter d'autres nations et à accroître leur influence mondiale. Des luttes sanglantes pour la domination ont eu lieu dans le passé et aujourd'hui. Le Nouvel Ordre Mondial, terme favori de George H. W. Bush se concentre sur la domination des États-Unis et du monde entier. Il comprend un groupe d'élites du monde entier qui s'accordent sur un programme spécifique et s'étend au-delà de l'Amérique du Nord. Le Nouvel Ordre Mondial considère les masses comme des animaux dans un abattoir. Comme le conformisme est à son comble avec cet agenda, un nombre important de personnes doit se réveiller pour s'y opposer.

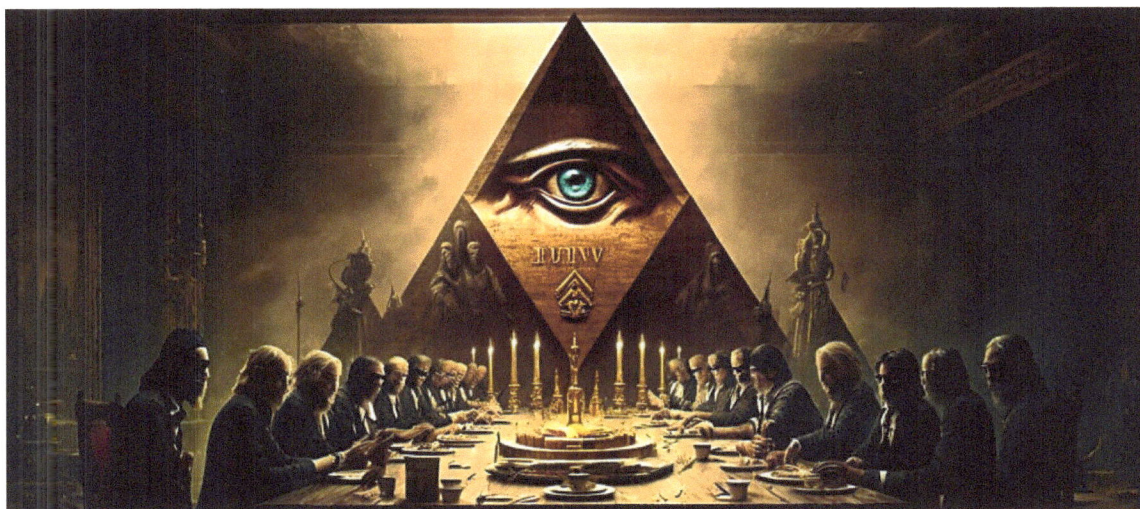

Le Nouvel Ordre Mondial Franc-Maçon

Le Nouvel Ordre Mondial est connu sous le nom de « Nouvel Âge Satanique » dans la doctrine franc-maçonne. Ce sont des francs-maçons de haut rang, du 33e degré, qui ont élaboré cet ordre du jour. La franc-maçonnerie, la société secrète la plus connue et la plus influente, a eu un impact sur de nombreuses infrastructures et affaires mondiales tout au long de l'histoire. Les francs-maçons, dont je parlerai plus tard, constituez la quasi-totalité de l'élite, y compris les politiciens, les gouvernements, les familles royales et les décideurs.

Le franc-maçon le plus connu est Albert Pike, franc-maçon du 33e degré et dirigeant du Ku Klux Klan. De 1859 à 1889, Pike a occupé le poste de Souverain Grand Commandeur du Suprême Conseil du Rite Écossais (Juridiction Sud, États-Unis). À Washington, D.C., la seule statue extérieure d'un général confédéré est celle de Pike. Son introduction joue un rôle crucial dans le programme du Nouvel Ordre Mondial. La lettre de Pike adressée en 1871 à Giuseppe Mazzini au sujet d'une conspiration impliquant « trois guerres mondiales » est célèbre. En plus d'être le directeur des Illuminati, Giuseppe Mazzini était un dirigeant révolutionnaire italien au milieu des années 1800. Deux des trois guerres mondiales ont eu lieu depuis 1871. Bien que ces hypothèses ne soient que des allégations, elles sont très pertinentes pour l'état actuel des choses dans notre monde, alors que les tensions commencent à s'accroître entre les principales nations. Après en avoir appris davantage sur les déclarations et les projets d'Albert Pike, cette affirmation est encore plus étayée.

"La Première Guerre Mondiale" doit être provoquée pour permettre aux Illuminati de renverser le pouvoir des tsars en Russie et de faire de ce pays une forteresse du communisme athée. Les divergences causées par les « agentur » (agents) des Illuminati entre les Empires britannique et germanique seront utilisées pour fomenter cette guerre. À la fin de la guerre, le communisme sera construit et utilisé pour détruire les autres gouvernements et pour affaiblir les religions ».

"La Deuxième Guerre Mondiale "doit être fomentée en profitant des différences entre les fascistes et les sionistes politiques. Cette guerre doit être provoquée pour que le nazisme soit détruit et que le sionisme politique soit assez fort pour instituer un État souverain d'Israël en Palestine. Pendant la Seconde Guerre mondiale, le communisme international doit devenir assez fort pour équilibrer la chrétienté, qui sera alors bridée et tenue en échec jusqu'au moment où nous en aurons besoin pour le cataclysme social final ».

"La Troisième Guerre Mondiale" doit être fomentée en profitant des différences causées par l'« agentur » des « Illuminati » entre les sionistes politiques et les dirigeants du monde islamique. La guerre doit être menée de telle sorte que l'Islam (le monde arabe musulman) et le sionisme politique (l'État d'Israël) se détruisent mutuellement.

Albert Pike a déclaré dans 23 conseils suprêmes du Rite écossais distribués dans le monde entier que la doctrine luciférienne devait servir de fondement à la religion maçonnique (33, 32, 31 degrés de la franc-maçonnerie). Dans la littérature maçonnique, « Lucifer » est désigné comme étant Dieu. **Examinez le passage suivant de la citation :**

- A.C De La Rive, La Femme et Enfant dans la Franc-Maçonnerie Universelle (page 588).
«Ce que nous devons dire à la FOULE, c'est : nous adorons dieu, mais c'est le dieu que l'on adore sans superstition. À VOUS, Souverains Grands Inspecteurs Généraux, nous disons ceci, afin que vous puissiez le répéter aux frères des 32ème, 31ème et 30ème degrés - la RELIGION maçonnique devrait être, par nous tous initiés des hauts degrés, maintenue dans la pureté de la doctrine LUCIFÉRIENNE. Si Lucifer n'était pas dieu, Adonay (esus)... le calomnierait-il (répandre des affirmations fausses et nuisibles à son sujet) ?.... OUI LUCIFER EST DIEU... »

Les croyances lucifériennes et la dévotion à Satan sont pratiquées par les francs-maçons de haut rang du 33e degré. Même les francs-maçons de rang inférieur ne sont pas conscients de leur programme de Nouvel Ordre Mondial, qui est du satanisme déguisé. Les citations dans le texte de la littérature franc-maçonne étayant ces affirmations sont énumérées ci-dessous. Il est important de noter que ces personnes sont les francs-maçons et les personnalités les plus décorés et les plus influents parmi ces citations.

Voici Baphomet dans l'Étoile de l'Est / Étoile du l Est / Le bouc satanique de Mendez est le dieu de la luxure.

"Ce que nous devons dire à la FOULE, c'est : nous adorons un dieu, mais c'est le dieu que l'on adore sans superstition. À VOUS, Souverains Grands Inspecteurs Généraux, nous disons ceci, pour que vous puissiez le répéter aux frères des 32e, 31e et 30e degrés : la RELIGION MAÇONNIQUE doit être, par nous tous initiés des hauts degrés, maintenue dans la pureté de la doctrine LUCIFÉRIENNE. Si Lucifer n'était pas dieu, Adonaï (Jésus)... le calomnierait-il ?... OUI, LUCIFER EST DIEU..."*
— A.C. De La Rive, La Femme et l'Enfant dans la Franc-Maçonnerie Universelle (page 588)

Baphomet / General Albert Pike, 33'

PREUVES DU SATANISME/LUCIFÉRIANISME DANS LA DOCTRINE FRANC-MAÇONNIQUE

1.'The Lost Keys Of Freemasonry' par Manly Palmer Hall, 33°, page 48 : « Lorsque le Maçon apprend que la clé du guerrier sur le bloc est l'application correcte de la dynamo de la puissance vivante, il a appris le Mystère de son Art. Les énergies bouillonnantes de Lucifer sont entre ses mains et avant de pouvoir avancer et s'élever, il doit prouver sa capacité à appliquer correctement cette énergie. »

2. 'The Secret Doctrine' par Helena Petrovna Blavatsky : « Lucifer représente la vie, la pensée, le progrès, la civilisation, la liberté, l'indépendance. Lucifer est le Logo, le Serpent, le Sauveur », **pages 171, 225 et 255 (volume II).**

3. « C'est Satan qui est le Dieu de notre planète et le seul Dieu » **pages 215, 216, 220, 245, 255, 533, (IV)**

4. Albert Pike, Morals and Dogma, D, 102 « Pan..... Satan n'est pas un dieu noir, mais la négation de Dieu ..., ce n'est pas une Personne, mais une Force, créée pour le bien, mais qui peut représenter le mal, C'est l'instrument de la Liberté ou du Libre Arbitre. Ils représentent cette Force ... sous la forme mythologique et cornue du Dieu Pan ; de là vint le bouc du Sabbat, frère de l'Ancien Serpent, et le Porteur de Lumière... »

5. 'The Mysteries Of Magic' by Eliphas Levi, page 428: « Quoi de plus absurde et de plus impie que d'attribuer le nom de Lucifer au diable, c'est-à-dire au mal personnifié ? Le Lucifer intellectuel est l'esprit d'intelligence et d'amour, il est le paraclet, il est l'Esprit Saint, tandis que le Lucifer physique est le grand agent du magnétisme universel. »

6. 'The Book Of Black Magic' par Arthur Edward Waite, 33°, page 244 : « Première conjuration adressée à l'empereur Lucifer. Empereur Lucifer, Maître et Prince des Esprits Rebelles, je t'adjure de quitter ta demeure, dans quelque partie du monde qu'elle se trouve, et de venir ici pour communiquer avec moi. Je t'ordonne et te conjure, au nom du puissant Dieu vivant, Père, Fils et Saint-Esprit, d'apparaître sans bruit et sans .... »

7. 'The Secret Teaching Of All Ages' par Manly Palmer Hall 33° : « Je promets par la présente au Grand Esprit Lucifuge, Prince des Démons, que je lui apporterai chaque année une âme humaine dont il fera ce qu'il voudra, et en retour Lucifuge promet de m'accorder les trésors de la Terre et de satisfaire tous mes désirs pendant toute la durée de ma vie naturelle. Si je ne lui apporte pas chaque année l'offrande spécifiée ci-dessus, mon âme lui sera confisquée. Signé..... {L'invocateur signe un pacte avec son propre sang} » **page CIV**

8. 'The Lost Keys Of Freemasonry' par Manly Palmer Hall, 33°, page 48 : « Lorsque le Maçon apprend que la clé du guerrier sur le bloc est l'application correcte de la dynamo de la puissance vivante, il a appris le Mystère de son Art. Les énergies bouillonnantes de Lucifer sont entre ses mains et avant de pouvoir avancer et s'élever, il doit prouver sa capacité à appliquer correctement cette énergie. »

9. Morals and Dogma Page. 321 : « Lucifer, le porteur de lumière ! Nom étrange et mystérieux que celui de l'Esprit des Ténèbres ! Lucifer, le fils du matin ! Est-ce lui qui porte la Lumière, et dont les splendeurs intolérables aveuglent les âmes faibles, sensuelles ou égoïstes ? N'en doutez pas ! »

Figures de référence utilisées :
1. **Manly P. Hall (en haut à gauche)**
2. **Eliphas Levi (en haut à droite)**
3. **Albert Pike (Centre)**
4. **Arthur Edward Waite (en bas à gauche)**
5. **Helena Blavatsky (en bas à droite)**

La Bible satanique l'illustre également ; les preuves du satanisme maçonnique sont visibles partout, que ce soit dans les symboles, les rituels ou la numérologie. Les francs-maçons de haut niveau et influents adorent Satan ; cependant, il y a des francs-maçons qui ne sont pas éduqués ou qui ne sont pas conscients de certains faits et qui ne sont peut-être pas sataniques, mais cela n'empêche pas le principe fondamental de la franc-maçonnerie, qui est un compagnon direct du satanisme. C'est le carburant de leur système de contrôle.

1. The Satanic Rituals, Companion To The Satanic Bible, Anton Szander Lavey (fondateur de l'Église de Satan) : « Les ordres maçonniques ont contenu les hommes les plus influents dans de nombreux gouvernements, et pratiquement tous les ordres occultes ont de nombreuses racines maçonniques. »

2. The Satanic Rituals, Companion To The Satanic Bible, Anton Szander Lavey (fondateur de l'Église de Satan) : « Le rituel satanique est un mélange d'éléments gnostiques, cabalistiques, hermétiques et maçonniques, incorporant la nomenclature et les mots de pouvoir vibratoires de pratiquement tous les mythes. »

3. The Satanic Rituals, Companion To The Satanic Bible - Anton Szander Lavey (fondateur de l'Église de Satan) - « Il existe de nombreuses manifestations du satanisme dans le rituel maçonnique, par exemple, le bouc, le cercueil, la tête de mort, etc. peuvent facilement être euphémisés...... »

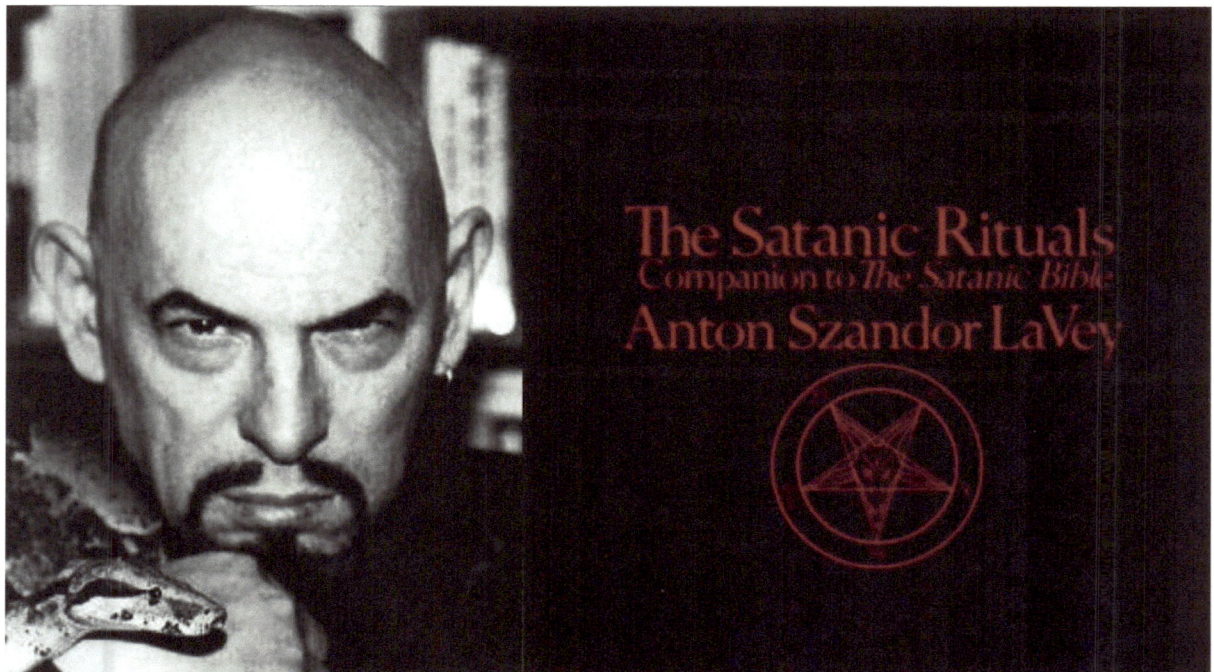

The Satanic Rituals
Companion to *The Satanic Bible*
Anton Szandor LaVey

Le monde est dirigé par une poignée de francs-maçons, et la franc-maçonnerie et le satanisme sont étroitement liés. En y regardant de plus près, on s'aperçoit que c'est l'opposition qui exerce un contrôle total. Selon le Musée Maçonnique du Rite Écossais, plus de 15 présidents sont répertoriés comme francs-maçons. Les 21 présidents restants sont soit des francs-maçons non répertoriés, soit des jésuites, soit sont issus d'une lignée maçonnique. Sur les 44 présidents, 43 sont liés les uns aux autres et à la lignée royale originelle. Vous commencerez à réaliser que les présidents sont « sélectionnés » plutôt qu'« élus », qu'ils sont tous liés et qu'ils sont des marionnettes dans la hiérarchie de la classe dirigeante. Ils participent à un programme visant à poursuivre l'asservissement de l'humanité une fois que vous aurez réalisé que toutes les personnalités de la société contemporaine appartiennent à des ordres occultes secrets. Pour le réseautage intercontinental des élites avec les dirigeants les plus puissants du monde, il existe une loge maçonnique dans presque chaque nation et sur chaque continent. Cette société secrète compte également un grand nombre de personnes célèbres qui sont prêtes à vendre leur âme pour gagner le monde. En outre, je démontrerai comment le satanisme et la franc-maçonnerie sont enracinés non seulement dans l'industrie musicale, mais aussi dans le sport, le divertissement et d'autres domaines de la vie mondiale.

- **Dans le chapitre 3,** j'aborderai la numérologie, le symbolisme et les rituels d'inspiration satanique de la franc-maçonnerie comme preuves supplémentaires.

Albert Pike, Morals and Dogma: « La force aveugle du peuple est une force qui doit être économisée et gérée, comme la force aveugle de la vapeur, qui soulève les lourds bras de fer et fait tourner les grandes roues, est utilisée pour forer et tirer les canons et pour tisser les dentelles les plus délicates. Elle doit être régulée par l'intellect. L'intellect est au peuple et à la force du peuple ce que la fine aiguille de la boussole est au navire : son âme, qui conseille toujours l'énorme masse de bois et de fer, et qui pointe toujours vers le nord. »

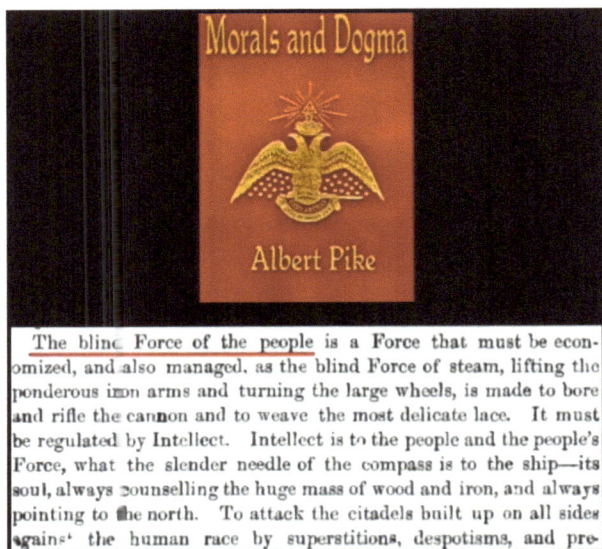

Vous n'êtes qu'une énergie aveugle et conçue pour être asservie par cette affirmation. Nous ne sommes que les parties du corps qui se dirigent vers sa volonté.

Maintenant que nous avons identifié les principes fondamentaux de la franc-maçonnerie et du Nouvel Ordre Mondial, je vais commencer à citer les preuves les plus convaincantes du Nouvel Ordre Mondial à partir de sources directes qui s'entremêlent également avec la franc-maçonnerie.

Le Lucis Trust : Le Nouvel Ordre Mondial

Le « programme luciférien » ou « nouvel âge » se compose d'un « gouvernement mondial unique » avec une « 6e race » qui se réfère à un nouveau groupe unique de personnes, une « religion mondiale unique » et un « ordre unique ». La dialectique hégélienne sera utilisée à plusieurs reprises comme plan pour établir l'agenda.

Suivez la Connexion

Vous pouvez trouver la déclaration concernant les nouveaux serveurs mondiaux sur le site Web du Lucis Trust, qui est le consultant officiel du Conseil économique et social des Nations Unies (ECOSOC) et de World Goldwill. L'organisation est « occupée à inaugurer le Nouvel Ordre Mondial, en formant à travers le monde - dans chaque nation, ville et village - un groupement de personnes qui ne prennent pas parti, ni pour ni contre, mais qui ont comme plate-forme claire et définie..... »

> They are found in all nations and all religious organisations, and are occupied with the formulation of the new social order. From a purely physical angle, they are not fighting either for the best in the old order, or for the betterment of world conditions. They feel that the old methods of fighting, and partisanship, and attack, and the ancient techniques of party battle, have utterly failed, and that the means hitherto employed on all sides, and by all parties and groups (fighting, violent partisanship of a leader or a cause, attacking individuals whose ideas or manner [Page 177] of living is deemed detrimental to mankind) are out of date, having proved futile and unsuitable to bring in the desired condition of peace, economic plenty, and understanding. They are occupied with the task of inaugurating the new world order, by forming throughout the world - in every nation, city and town - a grouping of people who belong to no party, take no sides either for or against, but who have as clear and definite a platform, and as practical a programme, as...

Une déclaration choquante concernant la liste à puces apparaît dans la même publication (38). « Les deux tiers de l'humanité se tiendront sur le sentier à la fin de cet âge, et un tiers d'entre eux seront retenus pour un épanouissement ultérieur » - (14 xviii. Page 7)

🔒 lucistrust.org

(38) Two-thirds of humanity ... will stand upon the Path at the close of this age, and with that, one-third will be held over for later unfoldment. (14 – xviii).[Page 7]

Il s'agit du Lucis Trust, qui travaille avec l'UE et remplace « Lucifer » par « Lucis » dans son nom. Il affirme que les deux tiers de la population actuelle seront éradiqués. La société d'édition du Lucis Trust a été créée sous le nom de « Compagnie d'Édition Lucifer » au début des années 1920. Ce nom a probablement été « choisi pour honorer Lucifer », selon le Lucis Trust. Quel est le lien entre un consultant moderne de la force la plus puissante travaillant à l'unification de toutes les nations et Lucifer ? Il est évident que le satanisme est la norme de l'élite dirigeante et qu'elle lance l'agenda luciférien.

La franc-maçonne Alice Bailey, fondatrice du Trust, a écrit le livre « Education in the New Age », dans lequel elle vous informe sur la réduction de la population de masse. « **Lorsqu'une forme s'avère inadéquate, ou trop malade, ou trop infirme pour l'expression de ce but, ce n'est pas - du point de vue de la Hiérarchie - un désastre lorsque cette forme doit disparaître. La mort n'est pas une catastrophe à craindre, le travail du Destructeur n'est pas vraiment cruel ou indésirable. »**

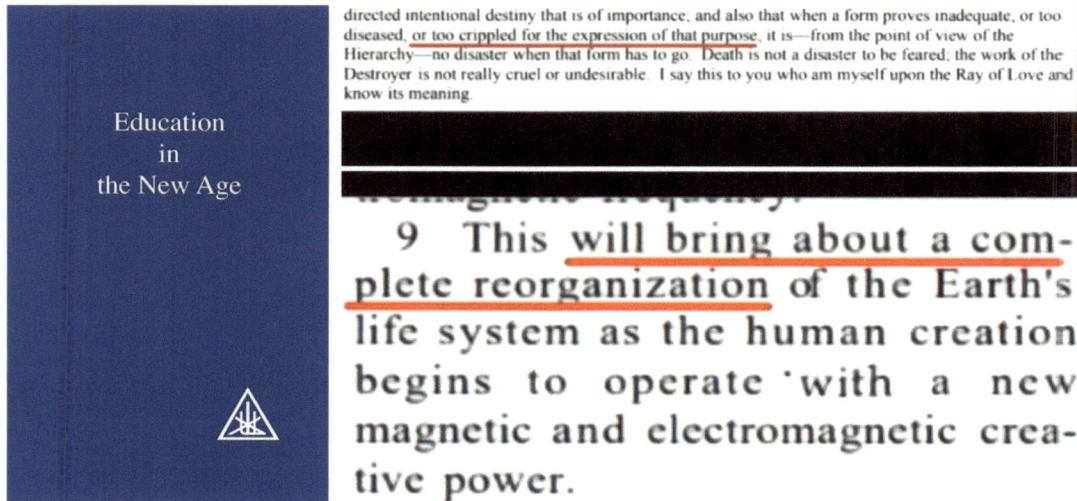

Education
in
the New Age

directed intentional destiny that is of importance; and also that when a form proves inadequate, or too diseased, or too crippled for the expression of that purpose, it is—from the point of view of the Hierarchy—no disaster when that form has to go. Death is not a disaster to be feared; the work of the Destroyer is not really cruel or undesirable. I say this to you who am myself upon the Ray of Love and know its meaning.

9 This will bring about a complete reorganization of the Earth's life system as the human creation begins to operate with a new magnetic and electromagnetic creative power.

Le Roi du nouveau « Gouvernement Mondial Unique » - « **Les vainqueurs resteront comme la semence de la Nouvelle Race pour peupler la nouvelle terre.....pour la nouvelle Sixième Grande Race** » - Alice Bailey, « Education in the New Age » (L'Education dans le Nouvel Age)

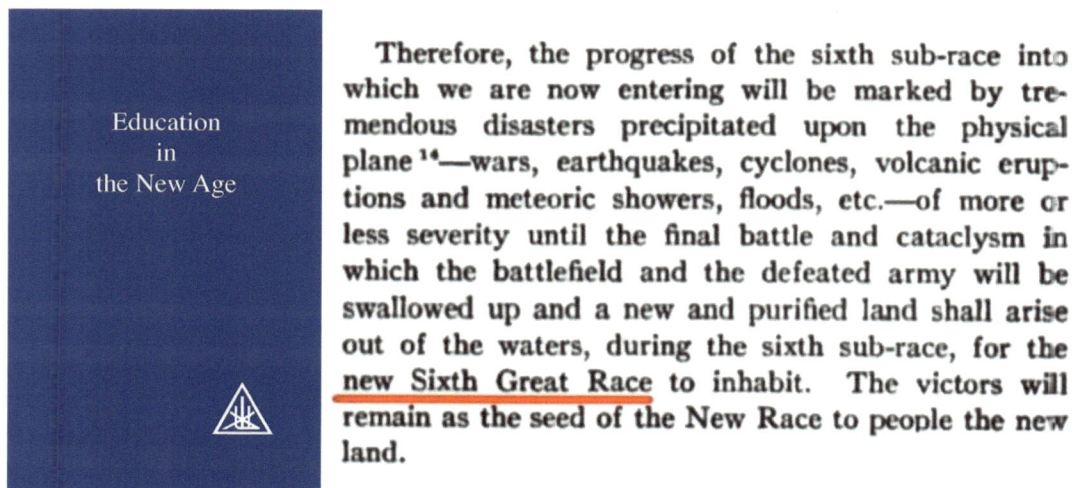

Education
in
the New Age

Therefore, the progress of the sixth sub-race into which we are now entering will be marked by tremendous disasters precipitated upon the physical plane [14]—wars, earthquakes, cyclones, volcanic eruptions and meteoric showers, floods, etc.—of more or less severity until the final battle and cataclysm in which the battlefield and the defeated army will be swallowed up and a new and purified land shall arise out of the waters, during the sixth sub-race, for the new Sixth Great Race to inhabit. The victors will remain as the seed of the New Race to people the new land.

« Born This Way » est la « naissance d'une nouvelle race », qui est la race à laquelle la Luciférienne Lady Gaga a fait référence. Eux aussi font partie de l'agenda occulte et luciférien. Tous les acteurs et musiciens d'Hollywood font partie du plan et le promeuvent simultanément.

MUSIC

Lady Gaga Says 'Born This Way' Video Shows 'The Birth Of A New Race'

Source: MTV News

L'auteur New Age Ruth Montgomery, dans son livre intitulé **« Threshold to Tomorrow »** , déclare à la **page 206** que **« seuls ceux qui sont ouverts à la réalité d'un monde unique seront en mesure d'en profiter ».**

Foster Bailey est également franc-maçon, comme Alice Bailey. Le Luciferian Lucis Trust a été fondé par eux deux. Foster Bailey a écrit un livre intitulé « The Spirit of Masonry. »

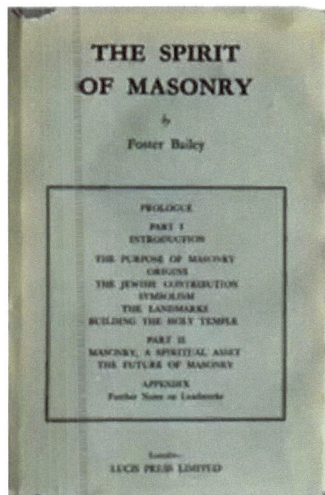

Photo d'Alice et Foster Bailey

named their fledgling publishing company "Lucifer Publishing Compan
pany and has remained so ever since Both "Lucifer" and "Lucis" come t
heaning of light. The Baileys' reasons for choosing the original name ar
eat teacher H.P. Blavatsky, for whom they had enormous respect, sou
ade by Lucifer. Alice and Foster Bailey were serious students and teach
ne of the solar Angels, those advanced Beings Who Theosophy says d
bring the principle of mind to what was then animal-man. In the theos

named their fledgling publishing company "Lucifer Publishing Compan
pany and has remained so ever since Both "Lucifer" and "Lucis" come t
heaning of light. The Baileys' reasons for choosing the original name ar
eat teacher H.P. Blavatsky, for whom they had enormous respect, sou
ade by Lucifer. Alice and Foster Bailey were serious students and teach
ne of the solar Angels, those advanced Beings Who Theosophy says d
bring the principle of mind to what was then animal-man. In the theos

Dans le même article du Lucis Trust, il est dit que Bailey a un énorme respect pour H.P. Blavatsky.

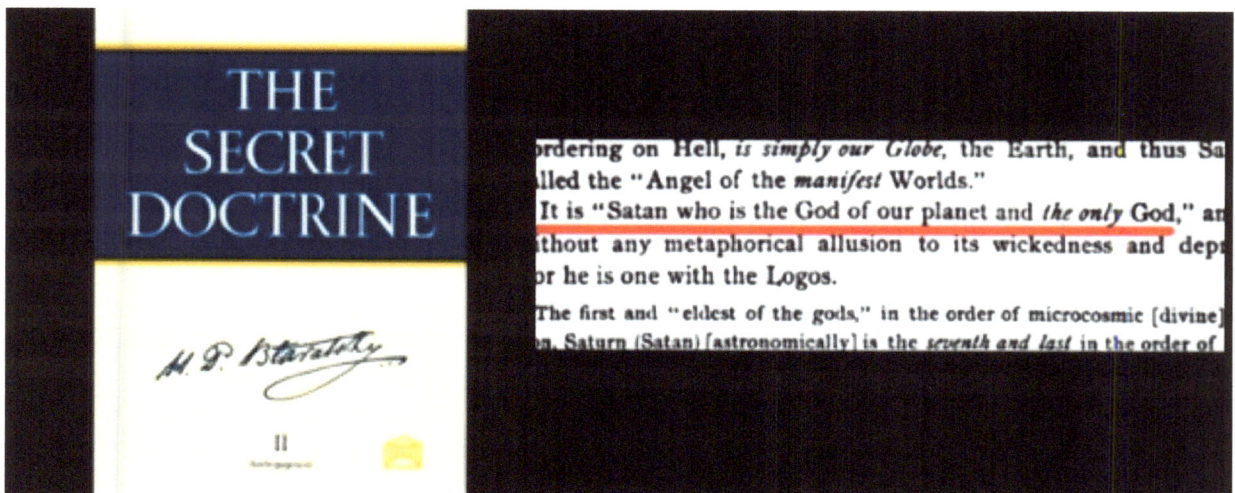

Le même individu qui a écrit dans son livre intitulé « **The Secret Doctrine,** » à la **page 245,** appelé **"Saint Satan." Blavatsky déclare "C'est Satan qui est le dieu de notre planète et le seul dieu."** Ce sont les consultants et les dirigeants des décideurs influents de notre monde.

L'article poursuit en indiquant que Bailey a cherché à comprendre plus profondément le sacrifice de Lucifer. Dans cette réalité, le mal est le bien et le bien est le mal ; tout a été inversé par nos influenceurs modernes.

Rappelez-vous l'objectif du Lucis Trust : « L'accomplissement du plan divin pour l'humanité ». Les satanistes considèrent le Nouvel Ordre Mondial comme leur plan divin. Ces individus croient que la déchéance de Lucifer était plus un grand sacrifice qu'un acte de péché. Ils pratiquent l'art royal de la franc-maçonnerie, connu sous le nom de sorcellerie, parce qu'ils croient aux anges déchus et entrent également en contact avec eux, comme vous allez bientôt commencer à le voir.

Tout cela est un appel à la dépopulation ou au meurtre de masse. La « Grande Réinitialisation », la plan-démie COVID-19, la « Quatrième Révolution Industrielle » et le « Transhumanisme » ? Le Nouvel Âge est le plan de ce drame épique qui se déroule sur Terre. Il se déroule sous vos yeux !

Ce magazine s'appelle « New Age » (2022), mais si vous remontez dans le temps, vous découvrirez que sa source est le **« Supreme Council of 33rd degree Freemasonry »** (Conseil suprême de la franc-maçonnerie du 33e degré). Si vous creusez encore plus loin, vous trouverez les deux piliers de la franc-maçonnerie sur la couverture du **« New Age Magazine (1922) ».** Helena Blavatsky figure également sur l'une des couvertures de son livre **« The Secret Doctrine », qui déclare hardiment que « Lucifer est le sauveur ».**

La déclaration audacieuse des Guidestones de Géorgie de « maintenir l'humanité à moins de 500 millions » offre un autre point de vue sur le « nouvel ordre mondial ». Sa présence signifie son exécution. Le Stonehenge des Guidestones de Géorgie a été inauguré en 1980 et a été bombardé le 6 juillet 2022. Les pierres directrices sont recouvertes du rituel « Blood Over Intent ». Ce rituel est le seul moyen d'inscrire son nom dans le « Livre de la vie », qui sert de signe de vie et de reconnaissance à Satan. Le rosicrucianisme et la franc-maçonnerie sont les seuls endroits où l'on peut trouver l'esprit satanique des Guidestones de Géorgie.

Parlant du Nouvel Âge à venir, le docteur Christopher Hyatt écrit dans « Undoing Yourself » qu' **« au fur et à mesure que nous nous rapprochions de l'invocation bien planifiée et attendue depuis longtemps du Premier ministre au roi de l'enfer. Le grand vicaire de Lord Lucifer. Lucifuge Rofocale ».** Voyez-vous ce qui se prépare ? C'est le plan prévu depuis des centaines d'années.

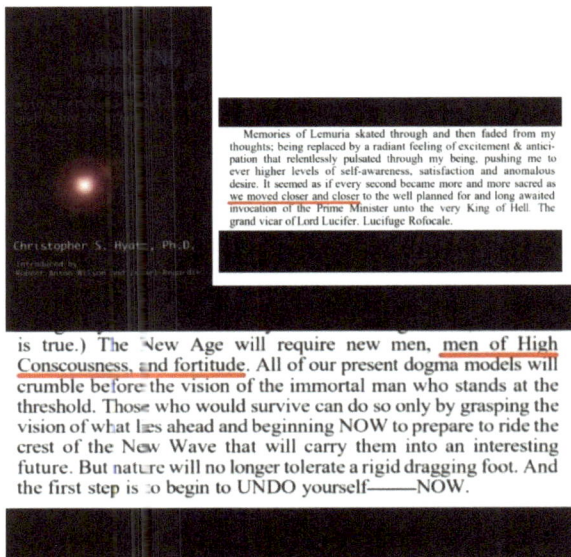

Memories of Lemuria skated through and then faded from my thoughts; being replaced by a radiant feeling of excitement & anticipation that relentlessly pulsated through my being, pushing me to ever higher levels of self-awareness, satisfaction and anomalous desire. It seemed as if every second became more and more sacred as we moved closer and closer to the well planned for and long awaited invocation of the Prime Minister unto the very King of Hell. The grand vicar of Lord Lucifer. Lucifuge Rofocale.

Christopher S. Hyatt, Ph.D.

is true.) The New Age will require new men, men of High Conscousness, and fortitude. All of our present dogma models will crumble before the vision of the immortal man who stands at the threshold. Those who would survive can do so only by grasping the vision of what lies ahead and beginning NOW to prepare to ride the crest of the New Wave that will carry them into an interesting future. But nature will no longer tolerate a rigid dragging foot. And the first step is to begin to UNDO yourself———NOW.

En outre, Hyatt déclare: **« Le nouvel âge exigera des hommes nouveaux, des hommes de haute conscience et de grande force d'âme. Tous nos modèles de dogmes actuels s'effondreront devant la vision de l'homme immortel qui se tient au seuil..... Ceux qui veulent survivre ne peuvent le faire qu'en saisissant la vision de ce qui les attend et en commençant MAINTENANT à se préparer à monter sur la crête de la nouvelle vague qui les portera vers un avenir intéressant. »**

29

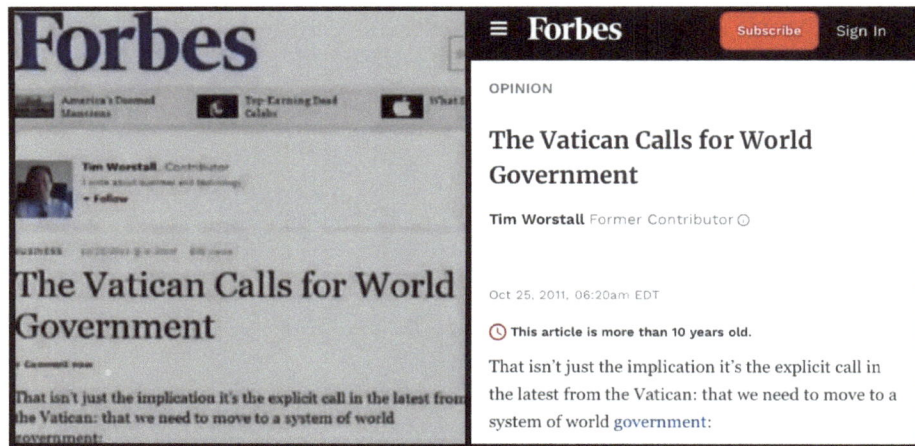

Article de Forbes : « Le Vatican appelle à un gouvernement mondial »

<u>Les Lois du Nouvel Ordre Mondial</u>

Ceux qui ne se conforment pas au Nouvel Ordre Mondial seront soumis à la peine de mort, comme le stipule la loi sur les dispositions de la guillotine : La loi HB1274, « Death Penalty », a été adoptée par la Chambre des représentants de Géorgie au cours des sessions de 1995 et 1996.

Le 10 octobre 1789, un médecin, homme politique et franc-maçon français a proposé l'utilisation d'un appareil pour exécuter la peine de mort en France comme une alternative moins douloureuse aux méthodes actuelles. La Guillotine porte son nom, bien qu'il ne l'ait pas inventée et qu'il ne se soit pas opposé à la peine de mort.

Georgia House of Representatives - 1995/1996 Sessions

HB 1274 - Death penalty; guillotine provisions

Prev Bill | Next Bill | Bill Summary | Bill List | Disclaimer

Dans le Nouvel Ordre Mondial, la Loi Noahide prendra place : « **Les lois noahides, également appelées lois noachiques, sont une désignation talmudique juive de sept lois bibliques données à Adam et à Noé avant la révélation à Moïse sur le mont Sinaï et qui, par conséquent, s'imposent à toute l'humanité.** » (**Noahidelaw.com**)

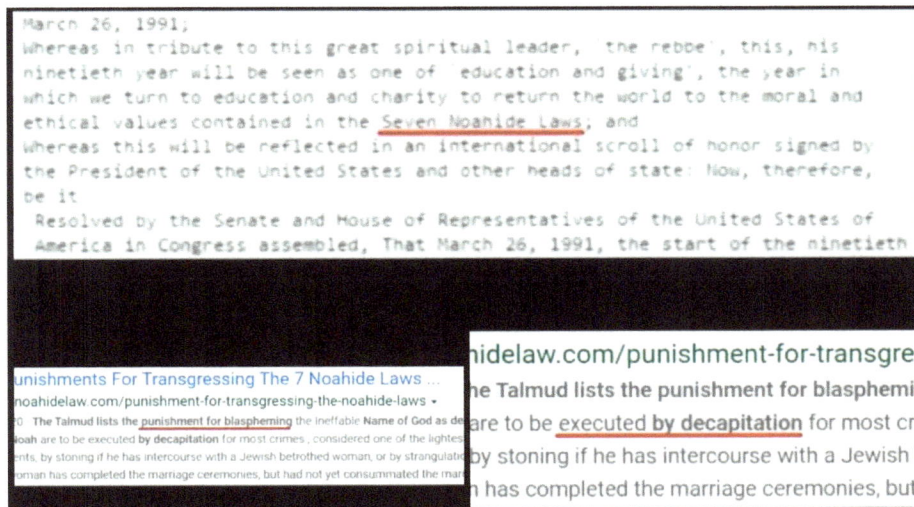

H.J.Res.104 : Désigner le 26 mars 1991 comme « Journée de l'éducation, États-Unis ». Citation : 26 mars 1991 ; « **Considérant qu'en hommage à ce grand chef spirituel, "le rebbe", cette année, sa quatre-vingt-dixième année, sera considérée comme celle de l'éducation et du don', l'année où nous nous tournons vers l'éducation et la charité pour ramener le monde aux valeurs morales et éthiques contenues dans les sept lois noahides ; et considérant que cela se traduira par un parchemin d'honneur international signé par le président des États-Unis et d'autres chefs d'État : »**

La punition pour avoir transgressé les 7 lois noahides est la décapitation : « **Le Talmud indique que le blasphème du nom ineffable de Dieu est puni de mort. Les fils de Noé doivent être exécutés par décapitation pour la plupart des crimes, ce qui est considéré comme l'une des peines capitales les plus légères...** » **(Noahidelaw.com)**

Agenda du Forum Économique Mondial

Voici la prophétie de l'Antéchrist ! L'avenir et l'agenda qui est mis en œuvre chaque jour. L'information, la technologie et la recherche prévoient que l'intelligence artificielle occupera un tiers des emplois d'ici à 2030. Vers 2030, la société devrait également être dépourvue d'argent liquide. COVID-19, une liste de guerres inutiles et d'autres événements planifiés destinés à faire s'effondrer l'économie étaient déjà évidents pour nous. L'artificialisation et la numérisation de l'humanité sont des composantes du Nouvel Ordre Mondial, qui vise à éliminer les aspects naturels de notre âme, de notre esprit et de notre environnement. Le contrôle des personnes devient plus facile à mesure que l'humanité devient plus artificielle. La conscience humaine et la capacité de voir au-delà de la lumière de la troisième dimension régressent lorsque l'ADN humain est modifié, et les masses se comporteront alors comme des robots, comme si c'était déjà le cas ! La future utopie cyberpunk est entièrement numérique et les élitistes ont déjà des années d'avance en matière de technologie et de recherche. Le programme du Forum économique mondial (WEF) pour la « 4e révolution industrielle » est présenté ci-dessous.

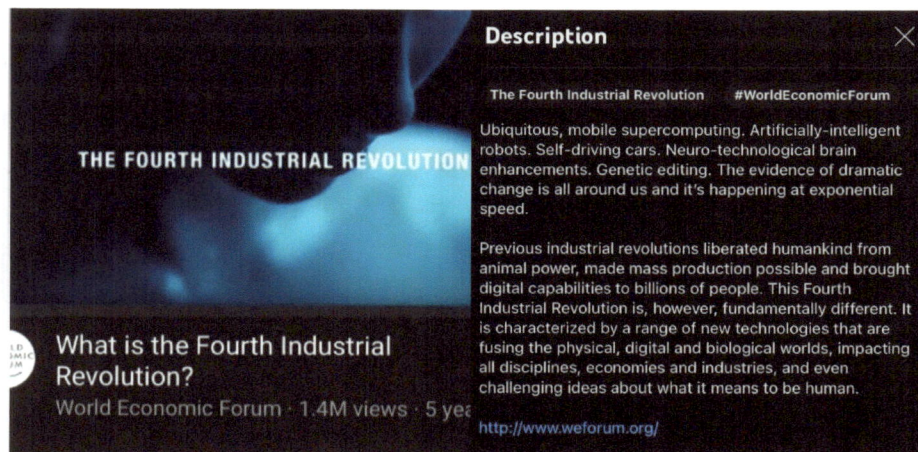

Description

The Fourth Industrial Revolution   #WorldEconomicForum

Ubiquitous, mobile supercomputing. Artificially-intelligent robots. Self-driving cars. Neuro-technological brain enhancements. Genetic editing. The evidence of dramatic change is all around us and it's happening at exponential speed.

Previous industrial revolutions liberated humankind from animal power, made mass production possible and brought digital capabilities to billions of people. This Fourth Industrial Revolution is, however, fundamentally different. It is characterized by a range of new technologies that are fusing the physical, digital and biological worlds, impacting all disciplines, economies and industries, and even challenging ideas about what it means to be human.

http://www.weforum.org/

THE FOURTH INDUSTRIAL REVOLUTION

What is the Fourth Industrial Revolution?
World Economic Forum · 1.4M views · 5 yea

« Supercalculateurs mobiles et omniprésents. Des robots dotés d'une intelligence artificielle. Des voitures autopilotées. Amélioration neuro-technologique du cerveau. L'édition génétique. Les preuves d'un changement spectaculaire sont partout autour de nous et se produisent à une vitesse exponentielle. » - Forum Économique Mondial (2016)

« Les précédentes révolutions industrielles ont libéré l'humanité de la force animale, rendu possible la production de masse et mis les capacités numériques à la portée de milliards de personnes. Cette quatrième révolution industrielle est toutefois fondamentalement différente. Elle se caractérise par une série de nouvelles technologies qui fusionnent les mondes physique, numérique et biologique, ont un impact sur toutes les disciplines, économies et industries, et remettent même en question les idées sur ce que signifie être humain. » - Forum Économique Mondial (2016)

Aujourd'hui, nous sommes les produits d'une conception consciente. Pour faciliter le contrôle, les antéchrists ont prévu de nous remodeler et de transformer nos corps avec des parties numérisées. Ils transforment les êtres humains en vaisseaux non conscients en supprimant toutes nos caractéristiques et identités naturelles et en les remplaçant par une intelligence artificielle. Ces idées ont été présentées dans des films, des émissions de télévision et d'autres médias afin de préparer nos esprits à l'avenir. Il s'agit d'une conquête visant à éliminer le libre arbitre, et elle est actuellement en cours. Dans le cadre de cette stratégie, ils se rapprochent de plus en plus du dépassement des limites humaines. L'artificialisation et la numérisation de l'humanité sont des composantes du Nouvel Ordre Mondial, qui vise à éliminer les aspects naturels de notre âme, de notre esprit et de notre environnement. Les masses se comporteront alors comme des robots, comme c'est le cas aujourd'hui. Une utopie cyberpunk entièrement numérique nous attend, mais les élitistes ont déjà des années d'avance sur le reste de la population en termes de technologie et de recherche.

Yuval Noah Harari (Forum Économique Mondial) - « **Nous sommes probablement l'une des dernières générations d'homo-sapiens. Car dans les générations à venir, nous apprendrons à concevoir des corps, des cerveaux et des esprits. Maintenant, à quoi ressembleront exactement les futurs maîtres de la planète ? Cela sera décidé par les personnes qui possèdent les données. Nous pouvons pirater non seulement les ordinateurs, mais aussi les êtres humains et d'autres organismes.** »

- Extrait d'une présentation donnée au Forum Économique Mondial le 25 janvier 2018

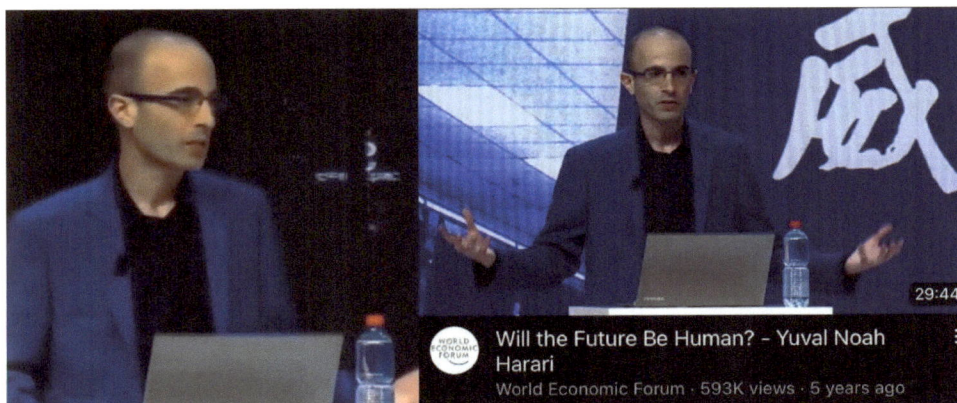

Will the Future Be Human? - Yuval Noah Harari
World Economic Forum · 593K views · 5 years ago
29:44

Yuval Noah Harari (Forum Économique Mondial) :

« Les humains sont désormais des animaux piratables, vous savez, l'idée que les humains ont une âme et un esprit, qu'ils ont un libre arbitre et que personne ne sait ce qui se passe à l'intérieur de moi, donc ce que je choisis aux élections ou au supermarché, c'est mon libre arbitre, C'EST TERMINÉ. Aujourd'hui, nous disposons de la technologie nécessaire pour pirater les êtres humains à grande échelle. »

Extrait d'une interview du 29 octobre 2020

« Le transhumanisme est une catégorie de philosophies de la vie qui cherchent à poursuivre et à accélérer l'évolution de la vie intelligente au-delà de sa forme humaine actuelle et des limites humaines au moyen de la science et de la technologie, guidées par des principes et des valeurs qui favorisent la vie. » **- Max More (1990)**

Le Nouvel Ordre Mondial a un plan appelé La Grande Réinitialisation, où toutes les valeurs établies atteignent leur point de rupture. La Grande Réinitialisation est utilisée par le Forum Économique Mondial pour tenter d'établir un nouvel ordre mondial et mettre fin à notre système économique actuel. L'événement 201, qui a eu lieu cinq semaines avant la crise planétaire, et qui a été financé par John Hawkins, le Forum économique mondial et la Fondation Bill Melinda Gates, en est une preuve solide.

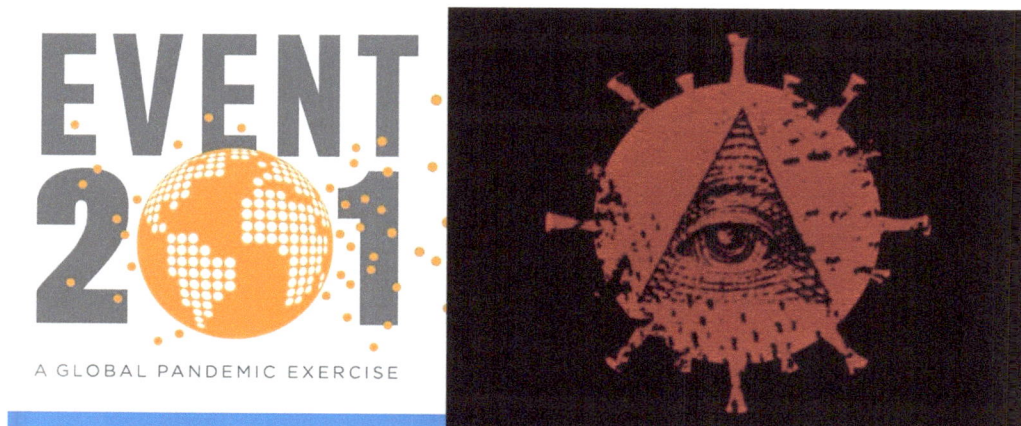

Dialectique Hégélienne : Problème, Réaction, Solution

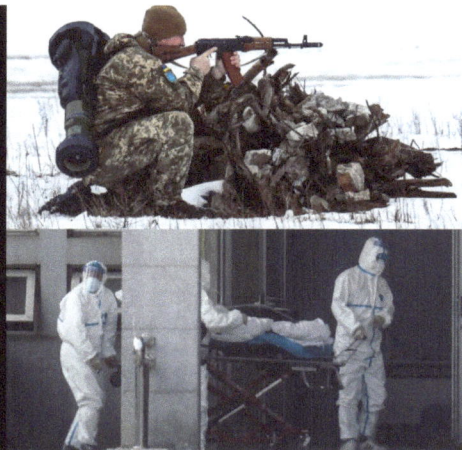

PROBLÈME CRÉÉ = Virus ou Guerres

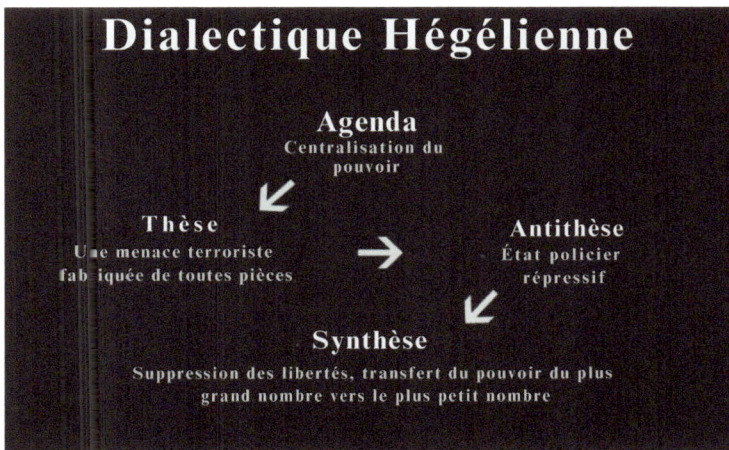

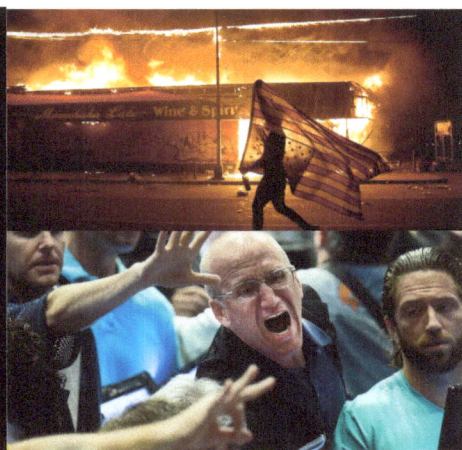

RÉACTION = Peur, Émeutes (créées par les acteurs de la crise et la CIA), Chaos, « Crash Économique »

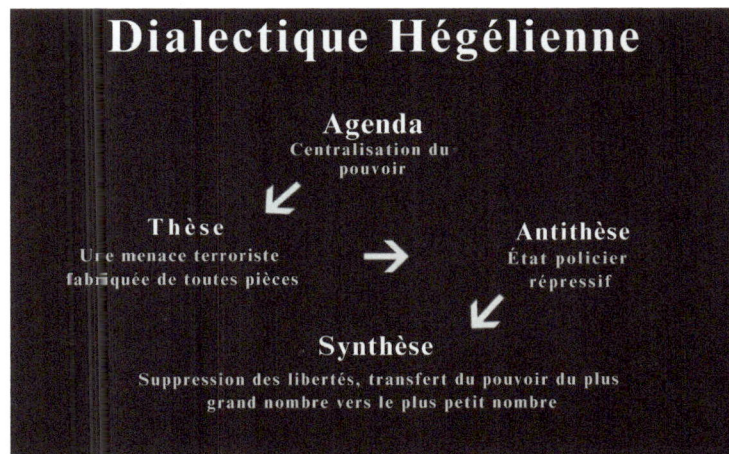

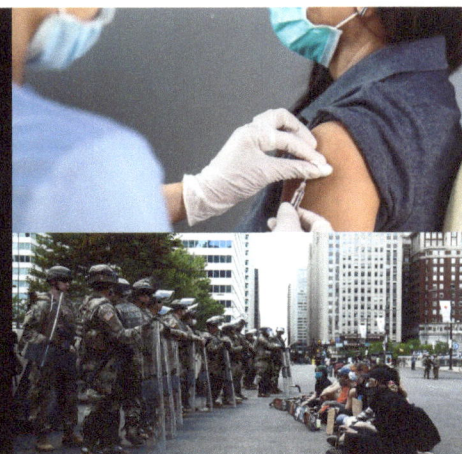

Solution : Mandats, Loi Martiale et Monnaie Numérique Mondiale Unique (qu'ils peuvent suivre).

3 Objectifs Principaux du Forum Économique Mondial

1. **Redistribution des richesses par le biais de la fiscalité et de la réglementation.**
- Tel est l'objectif : éliminer la classe moyenne et créer une séparation entre les riches et les pauvres.
2. **Programme d'action à l'horizon 2030 (Nations unies : 17 objectifs durables)**
- Le numéro 14 des 17 objectifs durables comprend l'« immunisation ». Le « vaccin » a pour but d'introduire les tâches de l'Organisation mondiale du commerce, ce qui conduit à plusieurs agendas tels que la dépopulation, le contrôle, l'ingénierie sociale, le transhumanisme et même les effets sur la santé.
3. **La quatrième révolution industrielle (transhumanisme) : IA, puces dans les cerveaux, RFID et fusion des caractéristiques biologiques avec l'IA**
- Fusionner l'homme et la machine. En février, le McKinsey Global Institute a prédit que 45 millions d'Américains, soit un quart de la population active, perdraient leur emploi à cause de l'automatisation d'ici à 2030.
- La quatrième révolution industrielle : Klaus Schwab (fondateur du Forum économique mondial)

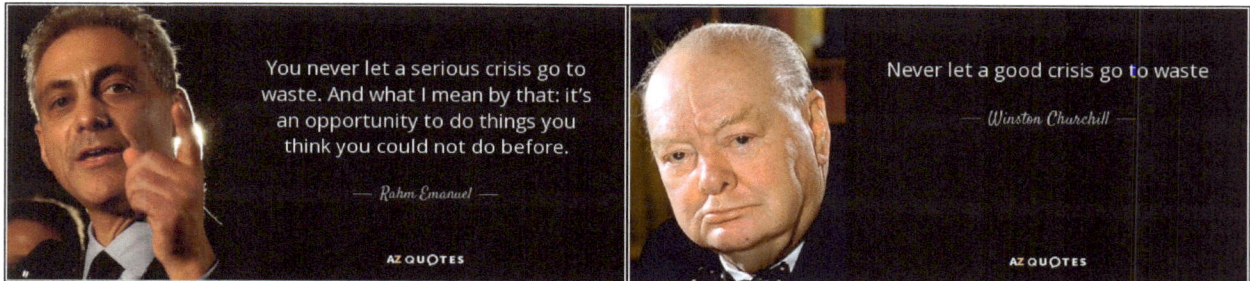

1. **« Il ne faut jamais laisser une crise grave se perdre. Et ce que je veux dire par là, c'est que c'est l'occasion de faire des choses que l'on pense ne pas avoir pu faire auparavant. »** - Rahm Emanuel (Ambassadeur des États-Unis au Japon)
2. **« Ne jamais laisser une bonne crise se perdre »** - Winston Churchill (ancien Premier ministre du Royaume-Uni)

Quand ses auteurs disent ouvertement ce qu'ils comptent faire, ce n'est pas une théorie du complot. Ils ont présenté l'année 2030 comme un tournant dans leur plan, avec des « relocalisations » exceptionnelles comme celle de Klaus Schwab. Si vous regardez tout ce qui a été écrit sur le mur jusqu'à présent, cela indique clairement que ce plan décennal est quelque chose qu'ils peuvent réaliser immédiatement. Ils ont un plan. Ils veulent que la génération Z soit captive de leurs idéologies parce qu'ils savent que le processus sera long et qu'il plaira à la jeune génération.

- **Forum Économique Mondial d'ici 2030 : «Vous ne posséderez rien et vous serez heureux ».**

C'est le thème et la devise de la Grande Réinitialisation. Elle est tirée de l'une des huit prévisions du Forum économique mondial. Elle implique que vous n'aurez rien et qu'ils seront les seuls propriétaires.

Ingénierie Sociale / Économie Mondiale : L'identification numérique et la monnaie numérique sont deux concepts clés de l'agenda de la Grande Réinitialisation. On peut vraiment voir la monnaie numérique en action en ce moment même et la façon dont elle est utilisée. En outre, les exigences de vaccination dans le cadre de COVID constituaient un pas dans cette direction et un test sur les individus pour voir s'ils se soumettraient au système, ce qu'un très grand nombre de personnes ont fait. Les billets de la CBDC (monnaie numérique de la banque centrale), le taux Bitcoin DeFi, la finance décentralisée et Bitcoin Ethereum sont toutes des formes de monnaie reposant sur la technologie de la blockchain. Les gouvernements et les banques centrales du monde entier utilisent cette technologie pour mettre en place un système « centralisé unique » dans lequel toutes les transactions - en ligne, hors ligne et autres - sont méticuleusement suivies, enregistrées, etc. La banque centrale souhaite développer ce type de système et a ses propres raisons de le faire. La CBDC prévoit d'utiliser des puces RFID, des bracelets et d'autres formes de technologie sociale pour faire des affaires et avoir des connexions avec les cartes d'identité numériques. L'objectif est de réaliser des transactions transfrontalières, d'abolir les frontières souveraines et de créer un gouvernement mondial. L'accent est mis sur la création d'une économie mondialisée, car c'est la première étape avant un gouvernement mondialisé. Les Nations unies, les grandes entreprises et les dirigeants reconnaissent ouvertement cette transformation radicale de la société. Ils veulent que les personnes qui, selon leurs critères, le méritent, aient le contrôle de leur argent. Par conséquent, s'ils n'aiment pas ce que vous avez fait ou dit à leur sujet, ils peuvent cesser de vous donner de l'argent, lui donner une date d'expiration, réglementer le montant que vous dépensez ou même fermer votre compte.

Parmi les membres de la franc-maçonnerie, on trouve des empereurs, des rois, des présidents, des chefs religieux, des légendes du sport et du spectacle, des scientifiques, des inventeurs et des hommes d'État, et ce tout au long de l'histoire. La franc-maçonnerie est l'organisation occulte la plus puissante, et ses membres sont chargés de façonner les événements mondiaux. Pour vous donner un bref aperçu de cette organisation occulte, voici quelques noms populaires parmi des dizaines de milliers :

- 14 Présidents des États-Unis
- 15 Juges de la Cour suprême des États-Unis
- 17 Sénateurs des États-Unis
- 32 Chefs militaires des États-Unis
- 13 Signataires de la Constitution

Petite Liste d'Inventeurs Maçonniques
- **Vannevar Bush** - L'analyseur différentiel, précurseur de l'ordinateur moderne
- **Sandford Fleming** - Sir Sandford a inventé le temps universel standard.
- **Horace Mann** - Une force majeure dans l'établissement de systèmes scolaires unifiés.
- **Albert Einstein** - Einstein est surtout connu pour avoir développé la théorie de la relativité.
- **Antonio Meucci** - Connu pour l'invention du téléphone et de ses modèles.
- **Samuel Colt** : Connu pour avoir inventé des armes à feu telles que le revolver et les armes de poing Colt.

Autres
- **Edgar Hoover:** Premier directeur du Bureau fédéral d'investigation.
- **Henry Ford:** Fondateur de la Ford Motor Company et magnat des affaires.
- **John Glenn Jr .** Aviateur du corps des Marines, ingénieur, astronaute, homme d'affaires et homme politique.
- **Louis Armstrong:** Trompettiste et chanteur américain. Musicien de jazz le plus influent
- **Scottie Pippin:** Ancien joueur professionnel de basket-ball de la NBA, inscrit au panthéon.
- **Shaquille O'Neil** - Ancien joueur professionnel de basket-ball de la NBA et membre du Panthéon de la NBA
- **Jonathan Swift** - Satiriste, auteur, essayiste, pamphlétaire politique et poète anglo-irlandais.
- **Theodore Rosevelt:** 26e président des États-Unis et défenseur de l'environnement.
- **George VI** - George VI était le roi du Royaume-Uni et des dominions.
- **François II** - François II a été roi de France de 1559 à 1560.
- **Mozart** : Compositeur prolifique et influent de la période classique.

Les Chevaliers de Malte

Les Chevaliers de Malte sont une organisation secrète régie par un ordre religieux laïc catholique. Ils ont été fondés en 1099 et ont une longue histoire de militantisme, de chevalerie et de noblesse. Ils ont six grandes priorités en Angleterre, en Autriche, en Bohème, à Rome, à Naples et en Sicile. Il a été démontré que de nombreux francs-maçons appartiennent à la société secrète des Chevaliers de Malte. L'ordre militaire souverain connu sous le nom de Chevaliers de Malte se consacre à l'exécution des directives du Vatican et à la formation d'alliances avec l'Ordre des Jésuites, une autre société secrète. William Donovan, Allen Dulles, la reine Élisabeth II, la reine Victoria et d'autres ne sont que quelques-uns des membres connus des Chevaliers de Malte. Ils sont entièrement composés de puissants banquiers, de présidents de différentes régions, de riches hommes d'affaires et de nombreux princes, reines et ducs. Ils sont également liés à la CIA. La moitié des membres des Chevaliers de Malte sont liés aux familles les plus anciennes et les plus puissantes d'Europe. En conséquence, la Noblesse Noire, les personnes les plus riches et les plus puissantes d'Europe, s'est affiliée au Vatican. Les Chevaliers de Malte servent docilement le pape et le Vatican nomme des ambassadeurs américains dans leurs rangs. On a découvert que des hauts fonctionnaires, des banquiers, des chefs militaires, des chefs d'entreprise et des responsables des services de renseignement s'inspiraient de l'Ordre militaire souverain de Malte. Tous les aspects du pouvoir du SMOM sont inclus dans ses facteurs, et c'est l'aspect le plus important pour les artistes, les financiers et les responsables du renseignement militaire dans le monde entier.

- La Croix de Malte a été écrite en 1961 par Edith Simon, qui affirmait que le principal objectif des ordres chevaleresques était de servir d'espions au Vatican. Le Grand Conseil et l'Ordre Souverain Militaire de Malte ont tous deux leur siège à Rome. Ces chevaliers du pape César dirigent les systèmes financiers, industriels et militaires de toute la planète. Ils sont responsables des banques Chase Manhattan basées à Moscou et à New York. Ils supervisent la communauté internationale du renseignement ainsi que la CIA et le KGB en Occident. JP Morgan a fusionné avec la Chase Manhattan Bank et une banque Rockefeller pour devenir JP Morgan & Chase. Selon le dernier numéro du magazine Forbes, JP Morgan est l'entreprise la plus riche du monde. Par conséquent, le Vatican est en charge à la fois des systèmes financiers mondiaux et des agences d'espionnage. En fait, les bureaux administratifs des Jésuites et de l'Inquisition se trouvent dans le même bâtiment.

Les Chevaliers de Malte sont une organisation de renseignement d'élite de renommée mondiale. Les personnalités suivantes ont façonné et gouverné le monde pendant de nombreuses années :

1.**William. F. Buckley Jr -** A fondé le magazine National Review, a animé 1429 épisodes de Firing Line de 1966 à 1999 et a été un chroniqueur de presse syndiqué à l'échelle nationale.

2. **Prescott Bush, Jr -** Père de deux présidents américains et PDG de la Nazi Union Banking Corporation.

3. **George Herbert Wälker Bush -** Ancien président des États-Unis et ancien chef de la CIA.

4. **George Walker Bush -** Ancien président des États-Unis lors du 11 septembre, nommé illégalement.

5. **William J. Casey -** 13e directeur de la CIA.

6. **Francis Spellman -** Cardinal archevêque de New York, impliqué dans l'assassinat de Kennedy.

7. **Terence Cook -** Cardinal archevêque de New York de 1968 à 1983.

8. **Avery Dulles -** Fils du secrétaire d'État américain John Foster Dulles.

9. **Foster Dulles -** Prêtre jésuite, théologien, cardinal de l'Église catholique romaine, professeur à l'université Fordham, auteur et conférencier de renommée internationale.

10. **Allen Dulles -** Cinquième directeur de la CIA et oncle d'Avery Dulles. Il a fait partie de la commission Warren, qui a enquêté sur l'assassinat de Kennedy.

11. **Archevêque de New York, Edward Egan -** Le cardinal américain Edward Michael Egan était membre de l'Église catholique romaine. De 1988 à 2000, il a été évêque du diocèse de Bridgeport, dans le Connecticut.

12. **William Joseph Donovan -** Soldat décoré, avocat, officier de renseignement, chef des Offices of Strategic Services (OSS) en temps de guerre, et également connu comme le « père de l'agence centrale de renseignement CIA ».

13. **John Farrell -** Prêtre catholique canadien et évêque de Hamilton (Ontario) de 1856 à 1873.

14. James Jesus Angleton - Il a longtemps été le chef du service de contre-espionnage de la CIA. Son titre officiel était « Associate Deputy Director of Operations for Counterintelligence » (directeur adjoint des opérations pour le contre-espionnage). Ses opérations comprenaient le code Enigma, le projet Manhattan et l'opération Chaos.

15. Pat Buchanan - Auteur, commentateur politique, chroniqueur syndiqué, homme politique et radiodiffuseur des États-Unis d'Amérique. Buchanan a été le premier animateur de l'émission Crossfire sur CNN et a été conseiller principal des présidents américains Gerald Ford, Ronald Reagan et Richard Nixon. Il a cofondé le magazine The American Conservative et créé l'American Cause Foundation. Il a écrit pour Rolling Stone, National Review, Human Events et The Nation. Il participe régulièrement à l'émission The McLaughlin Group et est commentateur politique sur le réseau câblé MSNBC, notamment dans l'émission Morning Joe.

16. Charles Joseph Bonaparte - Avocat américain qui a été secrétaire à la marine puis procureur général. Il a créé le Bureau of Investigation. (aujourd'hui connu sous le nom de FBI)

17. Paul Bremer - Chef du gouvernement de transition en Irak, il a été autorisé à gouverner par décret. Bremer est responsable de la dissolution de la garde irakienne et de l'insurrection.

18. John Degioia - Président de l'université de Georgetown depuis juillet 2001. Georgetown est le siège de ce que l'on appelle « Les Jésuites et le projet de mondialisation ». Les Jésuites admettent aujourd'hui ouvertement qu'ils préparent le terrain pour un gouvernement mondial unique.

19. Augusto Pinochet - Ancien président du Chili et démocrate.

20. Juan Peron - Général et homme politique argentin. Il a occupé de nombreux postes au sein du gouvernement, dont le ministère du travail et la vice-présidence d'une dictature militaire.

21. Nelson Mandela - Ancien président de l'Afrique du Sud de 1994 à 1999.

22. Joseph Kenedy - Homme d'affaires, investisseur et homme politique américain. Il a été ambassadeur des États-Unis au Royaume-Uni.

23. John A. McCone - Homme d'affaires et homme politique américain. Il a été directeur de la CIA de 1961 à 1965, au plus fort de la guerre froide.

24. Mark Carney - Ancien gouverneur de la Banque d'Angleterre et économiste canadien.

25. Jozef Retinger - Universitaire et militant politique polonais.

26. Victoria I - Reine Victoria, reine d'Angleterre de 1807 à 1901.

27. Elizabeth II - Reine Elizabeth II, Reine d'Angleterre de 1952 à 2002.

28. Prince Bernhard - Noble allemand, consort de la reine Juliana des Pays-Bas.

L'Ordre de Malte et les Jésuites sont des ordres internationalistes. Tout au long de l'histoire, les Jésuites ont refusé d'être soumis aux lois d'un quelconque gouvernement. De même, l'Ordre de Malte est un sujet souverain du droit international. En tant que groupes internationalistes, leur objectif est un gouvernement mondial soumis au pape de Rome.

Adolf Hitler et le Nouvel Ordre Mondial : Une Annonce

Le programme d'Adolf Hitler est toujours d'actualité - il s'agit simplement d'un titre qui a été redéfini sous différents noms et qui est maintenant accepté globalement par les élites. En raison de ce programme, Hitler est toujours très important pour le Nouvel Ordre Mondial. Ses actions pendant l'Holocauste ont joué un rôle psychologique dans la membrane humaine pour une raison bien précise. Les satanistes dirigent cette planète depuis des milliers d'années ! Comme on peut le voir, les Chevaliers de Malte sont le pouvoir derrière le gouvernement, les agences de renseignement, l'armée, l'éducation, les financiers, les aristocrates et d'autres institutions qui utilisent des tactiques psychologiques pour programmer et contrôler la population. Ils opèrent souvent sous l'apparence d'ordres religieux, mais sont en réalité des antéchrists. Vous découvrirez les stratégies et les projets psychologiques utilisés pour endoctriner la population au fur et à mesure de votre lecture.

Les Jésuites

Les Jésuites, qui ont été fondés à Montmartre, Paris, France, le 15 août 1534, sont considérés comme l'ordre religieux catholique le plus riche et le plus centralisé. Ils sont à la tête d'un grand nombre d'universités catholiques dans le monde. Ils ont leur siège à Rome et mènent des opérations militaires dans 112 pays. Depuis le début de l'Église, les Jésuites gèrent les affaires mondiales, contrôlant les informations, les agences de renseignement, les complexes militaires et d'autres institutions. La Réserve fédérale, la Banque centrale européenne et la Banque d'Angleterre font partie des quatre plus grandes banques du monde qui sont supervisées par les Jésuites (2019). En voici quelques exemples : Jerome Powell, qui dirige actuellement la Réserve fédérale, a été formé par des jésuites à l'université de Georgetown. Mario Draghi, qui dirige la Banque centrale de l'Union européenne, a été formé par les jésuites à l'université de Rome. Le gouverneur de la Banque d'Angleterre, Mark Carney, a fréquenté le Collège St. Francis Xavier à Edmonton, en Alberta, où il a été éduqué par les Jésuites. Il existe 2 300 écoles dans 67 pays et 17 000 membres de leur système éducatif, dont beaucoup occupent des postes de pouvoir et de contrôle politique. L'objectif des Jésuites était d'introduire l'antéchrist et de créer le nouvel ordre mondial. De nombreux universitaires et personnalités publiques ont reconnu ce programme depuis de nombreuses années. Les guerres et les assassinats publics sont deux autres choses pour lesquelles ils sont tristement célèbres. Pendant 1800 ans, les papes ont régné sans partage sur un vaste empire couvrant des centaines de kilomètres carrés. Ils étaient des rois avec leurs propres armées et gagnaient de l'argent en taxant les citoyens de leur propre domination. La dynastie juive des Rothschild et ceux qu'elle considérait comme les assassins du Christ ont également accordé des prêts au pape dans le passé. Les Rothschild, l'une des 13 lignées des Illuminati, comptent parmi les familles les plus riches et les plus influentes du monde. Les liens entre les Jésuites, l'occultisme et les familles des Illuminati de Bavière ne sont pas une coïncidence.

Adam Weishaupt, un jésuite professeur de droit canonique au Vatican, a fondé les Illuminati de Bavière en 1776. Actuellement, les Illuminati sont une société secrète luciférienne affiliée à la franc-maçonnerie. Les idées des Illuminati sont partagées par toutes les sociétés secrètes. En outre, les Jésuites avaient des liens avec A.M. Rothschild, un financier juif prospère dont la famille a aidé le pape Grégoire XVI à financer les guerres napoléoniennes. Le groupe Bilderberg, le Conseil des relations étrangères, le Club de Rome et le Vatican - qui prétend être la religion du Nouvel Ordre Mondial - sont tous utilisés par les mondialistes pour établir un cadre dans lequel les présidents américains doivent opérer sous peine d'être assassinés. Les Skull and Bones, la franc-maçonnerie, les Chevaliers de Malte et les Chevaliers de Colomb se soumettent tous secrètement au Vatican dirigé par les Jésuites. En reconnaissance de cela, lorsque George Bush reçoit la communion, il fait le geste de Skull and Bones.

Voici quelques-uns des principes du Manifeste communiste :
1) Le gouvernement fédéral détiendra la dette du pays, ce qui implique qu'il le fasse par l'intermédiaire de la Banque de la Réserve fédérale, une banque privée dont les opérations sont contrôlées par le Vatican. Les autres ordres de croisade du Vatican, tels que les Chevaliers de Malte et les Templiers - qui sont aujourd'hui des francs-maçons de haut rang - contrôlent la Réserve fédérale. La Réserve fédérale sert de banque du pape et finance les croisades du pape depuis la fin de la guerre hispano-américaine en 1898. Au fur et à mesure que l'empire américain se développait, la création d'une banque centrale lui permettait de payer les guerres à venir. Une fois la banque centrale créée, les Jésuites pourraient financer de nouvelles guerres en s'appuyant sur l'armée américaine, tandis que l'homme de la rue gagnerait du papier sans valeur.

Les commandements inédits du communisme du Vatican : 1-10 (Karl Max, 1848)

1. **Abolition de la propriété privée**
2. **Impôt progressif sur le revenu**
3. **Abolition de tous les droits de succession**
4. **Confiscation des biens de tous les émigrants et rebelles**
5. **Banque centrale**
6. **Contrôle gouvernemental des communications et des transports**
7. **Propriété gouvernementale des usines et de l'agriculture**
8. **Contrôle gouvernemental de la main-d'œuvre**
9. **Exploitations agricoles collectives, planification régionale**
10. **Contrôle gouvernemental de l'éducation**

Les Jésuites détiennent le pouvoir à la tête des banques les plus grandes et les plus puissantes. La CIA est dirigée par un petit groupe de Jésuites et, comme les Chevaliers de Malte, ils ont un contrôle total sur tout. Les noms de ceux qui contrôlent les agences de renseignement, qui sont soit mondialistes, soit affiliés aux Jésuites, sont énumérés ci-dessous.

- **Adolfo Nicolas, le Pape Noir -** Régit les lois maritimes (affaires). Il contrôlait le système bancaire, la franc-maçonnerie et les services secrets.

- **John F. Kennedy -** 35e président des États-Unis, également assassiné par des jésuites formés à cet effet.

- **Feras Antoon -** Propriétaire du monopole de la pornographie. Pornhub, Redtube, YouPorn, Brazzers, Digital, Playground, Men.com, Reality Kings, Sean Cody et WhyNotbi.com appartiennent tous à Mindgeek, propriété de Feras Antoon.

- **George Tenet -** Directeur de l'Agence centrale de renseignement - 15 décembre 1996 - 11 juillet 2004. Formé chez les Jésuites

- **Leon Panetta -** Directeur de l'Agence centrale de renseignement - 1er juillet 2011-27 février 2013. Formé par les jésuites

- **David Petraeus -** Directeur de l'Agence centrale de renseignement - 6 septembre 2011-9 novembre 2012. Formé par les Jésuites

- **John Brennan (LT\GEN) -** directeur de la Central Intelligence Agency - 8 mars 2013 - titulaire. Formé par les Jésuites

- **Michael Hayden (LT\GEN) -** Directeur de l'Agence nationale de sécurité - 1999-2005. Formé par les Jésuites

- **Keith B. Alexander (LT\GEN) -** Directeur de l'Agence nationale de sécurité - 1er août 2005 - 28 mars 2014

- **Micahel S. Rogers (ADM) -** Directeur de l'Agence nationale de sécurité - 2 avril 2014 - aujourd'hui

La majorité des directeurs de la CIA sont soit des membres des Chevaliers de Malte, soit des francs-maçons, soit des diplômés de l'université jésuite, soit des membres de diverses sociétés secrètes des Illuminati. Les directeurs de la CIA ayant des liens avec l'Ordre des Jésuites sont énumérés ci-dessous.

- **William Joseph « Wild Bill » Donovan** (fondateur de l'OSS [prédécesseur de la CIA], 1942-1945) - membre des Chevaliers de Malte, a étudié à Phi Beta Kappa et dans des collèges catholiques.

- **Allen Dulles** (1953-1961) - premier directeur civil de la CIA et le plus ancien directeur de la CIA à ce jour. Membre des Chevaliers de Malte et de la franc-maçonnerie.

- **John A. McCone** (1961-1965) - Homme d'affaires et politicien américain qui a occupé le poste de directeur de la CIA de 1961 à 1965. Membre des Chevaliers de Malte, a étudié à Georgetown, CFR.

- **Richard Helms** (1966-1973) - Fonctionnaire et diplomate américain qui a occupé le poste de directeur de la CIA de 1966 à 1973. A participé aux expériences de MK Ultra avec la CIA.

- **Vernon A. Walters** (1973) - Officier de l'armée américaine et diplomate. Il a notamment été directeur adjoint de la CIA de 1972 à 1976. Chevaliers de Malte, Jésuites éducqués à Stonyhurst.

- **William Colby** (1973-1976) - Officier de renseignement américain qui a occupé le poste de directeur de la CIA de septembre 1973 à janvier 1976. Membre des Chevaliers de Malte.

- **George H. W. Bush** (1976-1977) - 41e président des États-Unis de 1989 à 1993. Directeur du CFR, Chevalier de Malte, franc-maçon et membre de Skull and Bones.

- **Stansfield Turner** (1977-1981) - Amiral de la marine américaine qui a été président du Naval War College, commandant de la deuxième flotte des États-Unis, commandant suprême des forces alliées de l'OTAN en Europe du Sud et directeur du renseignement central sous l'administration Carter. Formation de boursier de Rhodes.

- **Frank C. Carlucci** (DD2, 1978-1981) - A occupé le poste de secrétaire à la défense des États-Unis de 1987 à 1989. Membre des Chevaliers de Malte.

- **William H. Webster** (1987-1991) - Directeur du renseignement central des États-Unis (1987-1991), jésuite, études à Georgetown, CFR.

- **William Casey** (1981-1987) - Chevalier de Malte, jésuite formé à Fordham.

- **Robert Gates** (1991-1993) - 22e secrétaire à la défense des États-Unis de 2006 à 2011. Jésuite formé à Georgetown, CFR, participant au Bilderberg.

- **R. James Woolsey Jr.** (1993-1995) - A dirigé l'Agence centrale de renseignement du 5 février 1993 au 10 janvier 1995. Phi Beta Kappa, boursier de Rhodes.

- **John M. Deutch** (1995-1996) - Secrétaire adjoint à la défense des États-Unis de 1994 à 1995 et directeur de la CIA du 10 mai 1995 au 15 décembre 1996. Jésuite ayant fait ses études à Georgetown, CFR.

- **George J. Tenet** (1996-2004) - a été directeur de l'Agence centrale de renseignement des États-Unis. Chevalier de Malte, jésuite éduqué à Georgetown, CFR.

- **Porter Goss** (2005-2006) - Directeur de l'Agence centrale de renseignement (2005-2006). Société secrète Book and Snake à Yale.

- **Michael Hayden** (2006-2009) - Ancien directeur de l'Agence nationale de sécurité, directeur adjoint principal du renseignement national et directeur de l'Agence centrale de renseignement. Collège catholique, CFR.

- **Leon Panetta** (2009-2011) - Secrétaire à la défense, directeur de la CIA, chef de cabinet de la Maison Blanche et directeur de l'Office de la gestion et du budget. Jésuite éduqué à Santa Clara.

- **David Petraeus** (2011-2012) - Général de l'armée américaine et fonctionnaire. Il a été directeur de l'Agence centrale de renseignement du 6 septembre 2011 au 9 novembre 2012. Il a reçu une éducation jésuite à Georgetown, est membre du CFR, du TLC et du Bilderberg.

- **John Brennan** (2013-2017) - Ancien officier de renseignement américain qui a été directeur de l'Agence centrale de renseignement de mars 2013 à janvier 2017. Il a reçu une éducation jésuite à Fordham.

- **Mike Pompeo** (2017-2018) - A servi sous le président Donald Trump en tant que directeur de l'Agence centrale de renseignement de 2017 à 2018. Participant au Bilderberg.

- **William Burns** (2021) - A occupé le poste de directeur de l'Agence centrale de renseignement dans l'administration Biden depuis le 19 mars 2021. CFR, Collège catholique.

Des centaines, voire des milliers de mondialistes sont membres de sociétés secrètes affiliées aux Jésuites. Les Templiers, les Chevaliers de Colomb et les Chevaliers de Malte sont tous sous administration jésuite.

« Les Jésuites sont une organisation militaire, pas un ordre religieux. Leur chef est un général d'armée, pas un simple père abbé d'un monastère. Et le but de cette organisation est le POUVOIR. Le pouvoir dans son exercice le plus despotique. Le pouvoir absolu, le pouvoir universel, le pouvoir de contrôler le monde par la volonté d'un seul homme. Le jésuitisme est le plus absolu des despotismes, et en même temps le plus grand et le plus énorme des abus.... » - **extrait de Fifty Years In The Church Of Rome, par Charles Chiniqu », 1968, réimprimé à partir de l'édition de 1886, citant Memorial Of The Captivity Of Napoleon À St. Helena**

Les archives du Vatican sont réputées pour abriter les secrets les plus importants du monde, qui remontent à d'anciennes civilisations. Les Jésuites et leurs églises catholiques sont également impliqués dans un certain nombre de réseaux de pédophilie et de crimes. Comme le prouvent les récits d'abus sexuels dans les églises catholiques, ces vils autocrates utilisent la religion comme une fausse image sainte pour couvrir leurs crimes. Il ne s'agit là que de quelques exemples majeurs parmi les nombreux cas d'abus dans les églises.

- **L'Église catholique du Chili (2018)**
- **Cas de Gerald Fitzlegard**
- **Affaire Hans Hermann Cardinal Groer**
- **Cas de l'abbaye de Kremsmuenster**
- **Cas du diocèse d'Anvers**
- **Cas de la Communauté de Saint-Jean**
- **Cas du diocèse de Peoria**

Serments Secrets : Les serments secrets sont des accords sous serment concernant les activités, l'avenir ou le comportement d'une personne. L'élite de la classe dirigeante a juré de garder le secret pendant des décennies, et tous ceux qui ont osé s'exprimer ont été assassinés ou réduits au silence. Ils jurent tous fidélité en concluant des pactes de sang et des rituels d'initiation sous serment.

- Lee Harvey Oswald, un jésuite formé par la CIA, a tué John F. Kennedy le 22 novembre 1963.

Le Serment des Jésuites

« Je promets et déclare en outre que, lorsque l'occasion se présentera, je mènerai une guerre implacable, secrètement ou ouvertement, contre tous les hérétiques, les protestants et les libéraux, comme on me l'a ordonné, pour les extirper et les exterminer de la surface de la Terre entière ; que je n'épargnerai ni l'âge, ni le sexe, ni la condition ; que je pendrai, jetterai, ferai bouillir, écorcherai, étranglerai et enterrerai vivants ces infâmes hérétiques, que je déchirerai l'estomac et le ventre de leurs femmes et que j'écraserai la tête de leurs nourrissons contre les murs, afin d'anéantir à tout jamais leur race exécrable. Si cela ne peut être fait ouvertement, j'utiliserai secrètement la coupe empoisonnée, le cordon étrangleur, l'acier du poignard ou la balle de plomb, sans tenir compte de l'honneur, du rang, de la dignité ou de l'autorité de la personne ou des personnes, quelle que soit leur condition dans la vie, publique ou privée, comme je pourrai à tout moment être chargé de le faire par un agent du pape ou un supérieur de la Fraternité de la Sainte Foi, de la Compagnie de Jésus ». **- La guerre de la Contre-Réforme**

Serment de sang des Jésuites - Publication officielle de la Bibliothèque nationale d'Australie

« En présence du Dieu tout-puissant, de la bienheureuse Vierge Marie, du bienheureux Michel Archange, du bienheureux Saint Jean Baptiste... et de mon père fantôme, le supérieur général de la Compagnie de Jésus, fondée par Saint Ignace de Loyola, je jure par le sein de la Vierge que Sa Sainteté le Pape est le vice-régent du Christ et le véritable et unique chef de l'Église catholique ou universelle. Ignace de Loyola, jure par le sein de la Vierge que sa Sainteté le Pape est le vice-régent du Christ et le véritable et unique chef de l'Église catholique ou universelle... Je renonce maintenant à toute allégeance envers un roi, un prince ou un État hérétique, protestant ou libéral, ou à l'obéissance à l'une de leurs lois, à l'un de leurs magistrats ou à l'un de leurs officiers. Je déclare en outre que la doctrine de l'Église d'Angleterre et d'Écosse, ainsi que celle des calvinistes, des huguenots et de tous ceux qui portent le nom de protestants ou de libéraux, est condamnable, et que ceux qui ne l'abandonnent pas sont eux-mêmes condamnés. Je promets et déclare en outre que, bien que je sois dispensé d'assumer ma religion hérétique pour la propagation des intérêts de ma mère l'Église, je garderai secrets et privés tous ses agents et conseils, de temps à autre, dans la mesure où ils m'intéressent, et je ne les divulguerai pas directement ou indirectement par la parole, l'écriture ou les circonstances quelles qu'elles soient.

En outre, je promets et déclare que, lorsque l'occasion se présentera, je ferai et mènerai une guerre implacable, secrètement ou ouvertement, contre tous les hérétiques, les protestants et les libéraux, comme on me l'ordonnera ; je les extirperai de la surface de la Terre ; et que je n'épargnerai ni âge, ni sexe, ni condition, et que je pendrai, brûlerai, gaspillerai, ferai bouillir, écorcherai, étranglerai et enterrerai vivants ces infâmes hérétiques ; je déchirerai le ventre et l'utérus des femmes, et j'écraserai la tête de leurs nourrissons contre les murs afin d'anéantir leur race inexorable. Si cela ne peut être fait ouvertement, j'utiliserai secrètement la coupe empoisonnée, les cordes étrangleuses, les aciers du poinard ou les balles de plomb, sans tenir compte de l'honneur, du rang, de la dignité ou de l'autorité des personnes, quelle que soit leur condition dans la vie, publique ou privée, comme je pourrai à tout moment y être invité par un agent du Pape ou le supérieur du Saint-Père de la Compagnie de Jésus. En confirmation de ce qui précède, je dédie par la présente ma vie, mon âme et mes pouvoirs corporels ; et avec ce poignard, que je reçois maintenant, je vais inscrire mon nom écrit avec mon sang en témoignage de ce qui précède ; Si je devais me montrer faux ou faiblir dans ma détermination, que mes frères et compagnons d'armes de la milice du pape me coupent les mains et les pieds, la gorge d'une oreille à l'autre, m'ouvrent le ventre et y brûlent du soufre, ainsi que tous les châtiments qui peuvent m'être infligés sur Terre, et que mon âme soit torturée par les démons dans un enfer éternel pour toujours. En témoignage de cela, je prends ce très saint et très béni sacrement de l'Eucharistie, et j'en témoigne encore avec mon nom écrit avec la pointe de ce poignard, trempé dans mon propre sang, et scellé sur le visage de la sainte alliance... »

Détail du frontispice de l'ouvrage Pyrotechnica Loyalana, Ignatian Fire-Works de 1667, représentant huit hommes, dont quatre habillés en jésuites, entourant un globe et lançant des grenades. Cette représentation avait pour but d'insinuer que l'Église catholique en général et les Jésuites en particulier étaient responsables d'événements tels que le grand incendie de Londres.

La Cabale et les Sionistes

La Cabale est un réseau mondial d'élites interconnectées qui complotent secrètement depuis des siècles. Elles opèrent au sein de la même doctrine par le biais de différentes filiales et promeuvent les mêmes points de vue et idéologies. Le terme « Kabbale », qui désigne uniquement la mystique et l'occultisme juifs, est à l'origine des termes « Cabale » et « Kabal ». Les textes magiques juifs connus sous le nom de Kabbale ont été apportés à l'humanité par le biais de la communion psychique. Les informations magiques contenues dans la Kabbale provenaient de Babylone et de l'Égypte ancienne à l'époque des pharaons, mais ce n'est qu'aux XIe et XIIe siècles qu'elles ont été publiées en Europe. Bien que les livres sacrés de la Kabbale ne comptent que quelques milliers de mots, ils contiennent des descriptions complexes d'univers parallèles, de la nature atomique de la matière et d'une Terre sphérique. Ces concepts sont aujourd'hui reconnus par les astronomes et les physiciens.

Depuis le Moyen Âge, les Juifs sont considérés comme un peuple de magiciens. Les rabbins bibliques induisaient des états de conscience modifiés en utilisant des méthodes chamaniques. L'une de ces cabales a ensuite servi d'inspiration à de nombreux cultes de magie noire, dont la franc-maçonnerie et les Templiers. Bien que ces hommes fussent loin d'être pauvres, ils se moquaient les uns des autres en s'appelant les « Pauvres Chevaliers du Christ ». Ils s'habillaient délibérément en moines pour pouvoir étudier la littérature cabalistique luciférienne et faire des affaires sans payer d'impôts ni éveiller les soupçons du Vatican. Les mystères cabalistiques supérieurs de la sodomie cérémonielle, du mauvais œil, de la récitation d'incantations, de la nécromancie, du sacrifice de sang et du déploiement d'anges déchus au service de Lucifer intriguaient les Templiers français. Lorsqu'ils apprirent que la Kabbale était née en Palestine, ils organisèrent astucieusement une campagne meurtrière dans ce pays, à la recherche d'autres artefacts magiques et cabalistiques. Aujourd'hui, les secrets de la Kabbale sont transmis par des sociétés secrètes exclusives telles que la franc-maçonnerie, l'OTO, Skull and Bones et la scientologie. Aujourd'hui encore, l'élite mondiale impose des rituels et un symbolisme fondés sur les connaissances secrètes et mystiques de la Kabbale. Le réseau d'élite de la Cabale est composé de sionistes juifs et de familles aristocratiques comme les Rockefeller, les Astor, les Bloomberg et les Safra, ainsi que les familles royales du Royaume d'Israël et la famille royale britannique. Parmi les autres élitistes possédés par Satan, on trouve un nombre considérable de sionistes qui suivent les pratiques occultes de la Kabbale.

« Le secret de toute la MAGIQUE et des sociétés secrètes est l'invocation des esprits… Parler avec les esprits est au cœur de tous les enseignements secrets... L'invocation d'un ESPRIT dans un TEMPLE est la racine de toutes les connaissances OCCULTES... » - W. B Yeats - membre de la société secrète Golden Dawn.

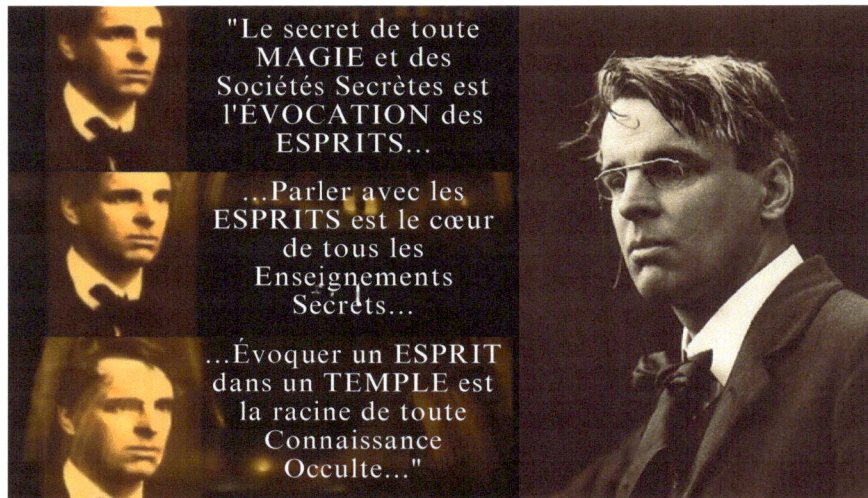

La Famille Royale Britannique et le Sionisme

L'un des principaux membres de la cabale est la famille royale britannique, qui a des ancêtres juifs allemands. Ces dernières années, la famille royale britannique a beaucoup souffert de la révélation que le père de la duchesse de Kent était un officier SS. Pour rejoindre les SS d'Hitler, l'héritage allemand d'une famille devait être purement aryen et remonter jusqu'à l'Allemagne médiévale. La duchesse de Kent a des ancêtres allemands. Ses ancêtres allemands sont depuis longtemps impliqués dans le réseau des Illuminati. Saxe-Cobourg-Gotha, et non Windsor, est le nom de famille officiel des rois britanniques. Son Altesse Royale, le Prince Michael d'Albany, met à disposition des documents héraldiques historiques dans le livre « Forgotten Monarchy of Scotland », qui révèle la véritable généalogie royale de la monarchie britannique. La dynastie royale britannique est issue des anciennes tribus hébraïques ou juives décrites dans l'Ancien Testament, selon les documents de l'héraldique ancienne. Elizabeth I a qualifié l'Angleterre d'Israël ou de Jérusalem tout au long de son règne. La famille royale britannique est en réalité composée de juifs royaux allemands.

La Noblesse Noire / le Sionisme

La « noblesse noire » désigne les maisons oligarchiques de Gênes et de Venise, toutes deux situées en Italie. Elles sont considérées comme vicieuses et mortelles puisqu'elles dominent le commerce de la drogue et les grandes banques internationales. La noblesse noire, ce sont les anciennes dynasties royales européennes qui ont régné. Les Phéniciens, les premiers rois comme les Pharamond et les familles comme les Pailalogos ont tous des liens avec le Saint Empire romain germanique, la noblesse noire et les lignées papales. La classe dirigeante de ces familles a un niveau socio-économique similaire.

L'aristocratie de la noblesse noire a pris le contrôle de Venise au XIe siècle lorsque le doge a été élu au Grand Conseil, qui comprenait également des membres de l'aristocratie marchande. Depuis lors, elle a conservé le pouvoir sur la noblesse noire de Venise, mais son pouvoir et son influence se font sentir bien au-delà de ses frontières. Notre système financier moderne est né en Italie.

La majorité des familles de la noblesse noire d'aujourd'hui sont d'origine juive-allemande. Voici les familles actuelles de la noblesse noire, dont la plupart sont d'origine juive-allemande.

1. Maison de Bernadotte, Suède
2. Maison de Bourbon, France
3. Maison de Bragance, Portugal
4. Maison de Grimaldi, Monaco
5. Maison de Guelph, Grande-Bretagne
6. Maison de Habsbourg, Autriche
7. Maison de Hanovre, Allemagne
8. Maison de Hohenzollern, Allemagne
9. Maison de Karadjordjevic, Yougoslavie
10. Maison du Liechtenstein, Liechtenstein
11. Maison de Nassau, Luxembourg
12. Maison d'Oldenburg, Danemark
13. Maison d'Orange, Pays-Bas

14. **Maison de Savoie, Italie**
15. **Maison de Wettin, Belgique**
16. **Maison de Wittelsbach, Allemagne**
17. **Maison de Württemberg, Allemagne**
18. **Maison de Zogu, Albanie**

Les funérailles de Pie XI escortées par la garde noble

La noblesse noire a servi d'inspiration pour la fondation des sociétés secrètes modernes liées aux Illuminati. Ils ont un passé d'assassinats, de viols, de meurtres, d'extorsions et de corruption au sein de leur monarchie conspiratrice en réseau.

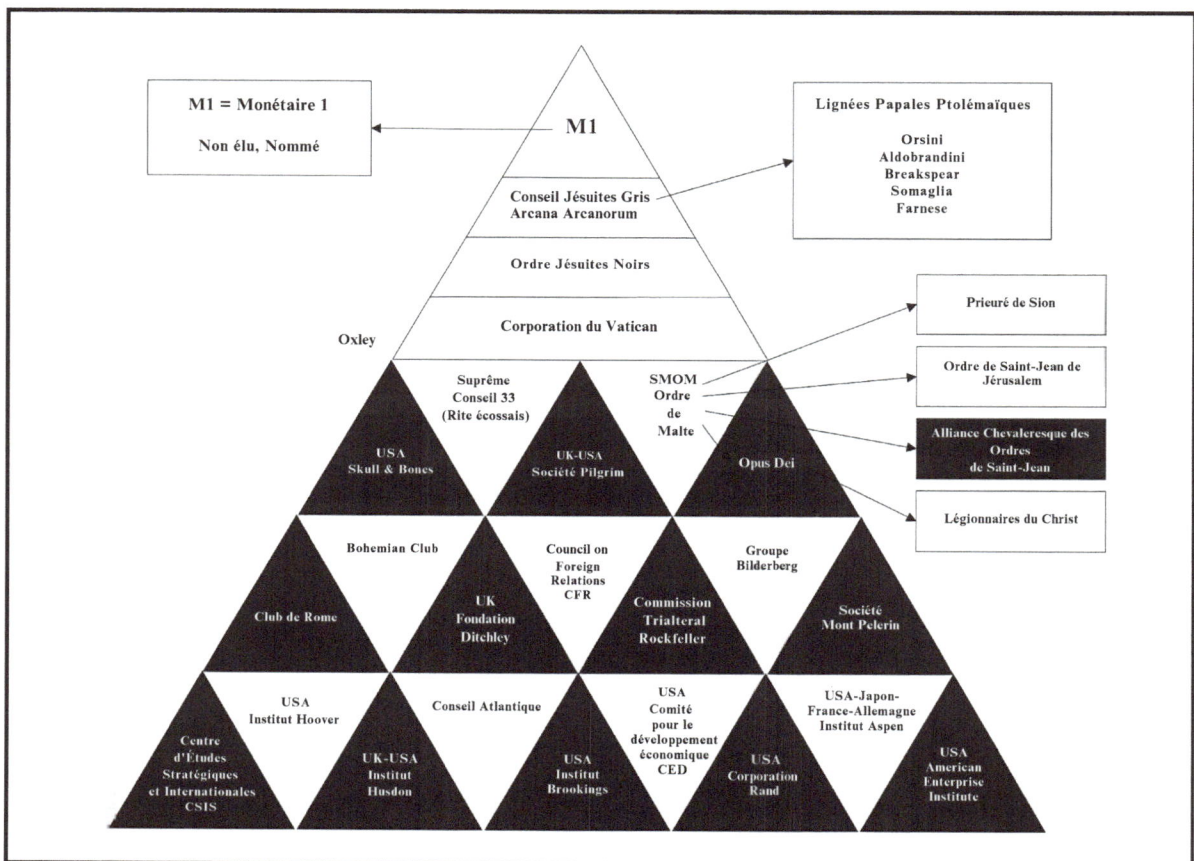

Ci-dessous, la liste des noms des riches membres de l'élite sioniste du Nouvel Ordre Mondial et des membres mondialistes de la classe dirigeante.

Rappel : Ces informations ne sont pas destinées à susciter des remarques « antisémites ». Il s'agit de faits réels destinés à démontrer les connexions occultes des sionistes, tout comme celles des membres de l'Église catholique, qui contrôlent les affaires mondiales et le public. Il est important de souligner les similitudes entre les groupes occultes et les personnes qui contrôlent des secteurs spécifiques et des positions de pouvoir. Ces personnes cachent leurs mauvaises actions derrière la religion organisée.

1. Mark Zuckerberg - multimilliardaire et cofondateur de Facebook. Zuckerberg fait partie des élitistes qui mettent en place le nouvel ordre mondial de la réalité virtuelle et de l'intelligence artificielle.

2. George Soros - Fondateur de Double Eagle, investisseur et homme d'affaires multimilliardaire. George Soros est connu pour tirer profit des crises et perpétuer des programmes de gauche.

3. Michael Bloomberg - Homme d'affaires puissant, maire lié à la propriété des médias et ancien maire de la ville de New York.

4. Donald Trump - Donald Trump, le 45e président, est un sioniste. Tous les aspects du financement de la campagne de Donald Trump sont juifs.

5. Joe Biden - Le 46e président, Joe Biden, est un sioniste autoproclamé. Les juifs américains qui font partie du cabinet de Joe Biden sont énumérés ci-dessous : **(Source : Times of Israel)**

- **Anthony Blinken -** Secrétaire d'État américain
- **David Cohen -** Directeur adjoint de la CIA
- **Avril Haines -** Directeur du renseignement national
- **Janet Yellen -** Secrétaire du Trésor
- **Ronald Klain -** Chef de cabinet de la Maison Blanche
- **Wendy Sherman -** Ministre adjoint du Départ

- **Eric Lander -** Directeur du Bureau de la politique scientifique et technologique (OSTP)
- **Anne Neuberger -** Directrice de l'Agence pour la cybersécurité et la sécurité des infrastructures
- **Rachel Levine -** Secrétaire adjointe à la santé
- **Alejandro Mayorkas -** Secrétaire à la sécurité intérieure

6. La Trinité Impie - Jacob Frank, Adam Weishaupt, A.M. Rothschild

7. Sabbatai Zevi - Mystique et rabbin juif. Il a organisé un culte luciférien et a convaincu les Juifs qu'il était le véritable Messie de ses « mouvements sabbatéens ». Il faisait partie du mouvement antéchrist et se livrait à des orgies religieuses, à des sacrifices, à l'inceste, à l'adultère et à l'homosexualité. Ses pratiques sont encore largement répandues aujourd'hui dans les sociétés secrètes.

8. Isaac Luria - Les enseignements secrets occultes de la Kabbale ont été influencés par un rabbin mystique juif nommé Isaac Luria.

9. Jacob Frank - Jacob Frank prétendait être la réincarnation de Sabbatai Zevi, le messie autoproclamé. Il a fondé le Frankisme, un groupe religieux juif sabbatéen qui était hérétique aux XVIIIe et XIXe siècles.

10. Ron Hubbard - Il est le chef de la Scientologie et de la société secrète O.T.O., et il est l'un des membres qui ont participé à des rituels kabbalistiques tels que le rituel de travail « Babalon ».

Les Juifs sont également des figures de proue du secteur pornographique, l'un des sujets les plus choquants aujourd'hui.

1.**Seth Warshavsky -** Connu comme le visage de la pornographie en ligne

2. Al Goldstein - Pionnier de la pornographie américaine. **Il a cité : « La raison pour laquelle les juifs sont dans les pornos est que nous pensons que Jésus est nul ».**

3. Ron Jeremy - Ancien acteur pornographique américain. Récemment condamné à une peine de prison pour une douzaine de délits sexuels et de viols.

4. Bill Asher et Steven Hirsch - Propriétaires de VIVID, un géant de la pornographie.

5. Glasser Family Business - Réalisateur, producteur et interprète occasionnel de films pornographiques sanglants, qui en a produit des centaines.

1. **Seth Warshavsky (en haut à gauche)**
2. **Al Goldstein (au milieu)**
3. **Ron Jeremy (en haut à droite)**
4. **Steven Hirsch (en bas à gauche)**
5. **Bill Asher (en bas à droite)**

6. Adam Glasser ou connu sous le nom de Seymore Butts

57

Les directeurs et conseillers mondiaux de la santé publique sont liés aux mêmes groupes occultes et à la même lignée.

DIRECTEURS DE LA PANDÉMIE DE COVID-19 : JUIFS/SIONISTES

- **Rochelle Walensky -** Directrice du CDC
- **Anne Schuchat -** Directrice adjointe du CDC
- **Sherri Berger -** Chef de cabinet du CDC
- **Jeff Zients -** Tzar COVID de Biden
- **Albert Bourla -** PDG de Pfizer
- **Mikael Dolsten -** Scientifique en chef de Pfizer
- **Tal Zaks -** Directeur médical de Moderna
- **Leonard Schleifer -** PDG de Regeneron
- **Rachel Levine -** Secrétaire adjointe à la santé des États-Unis

- **Albert Bourla -** Président-directeur général de Pfizer
- **Stephane Bancel -** Directeur général de Moderna
- **Emma Walmsley -** Directeur général de GlaxoSmithKline
- **Stanley Erck -** Directeur général de longue date de Novavax Inc.
- **Serge Weinberg -** Conseil d'administration de SANOFI
- **Alex Gorsky -** Président exécutif de Johnson & Johnson
- **Leif Johansson -** Président du conseil d'administration d'AstraZeneca

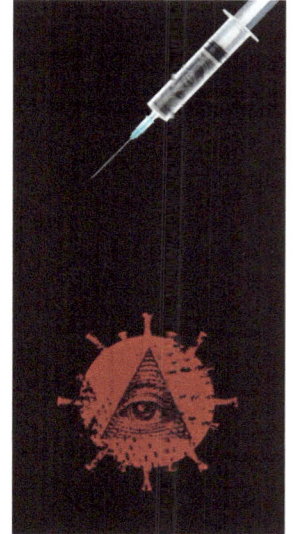

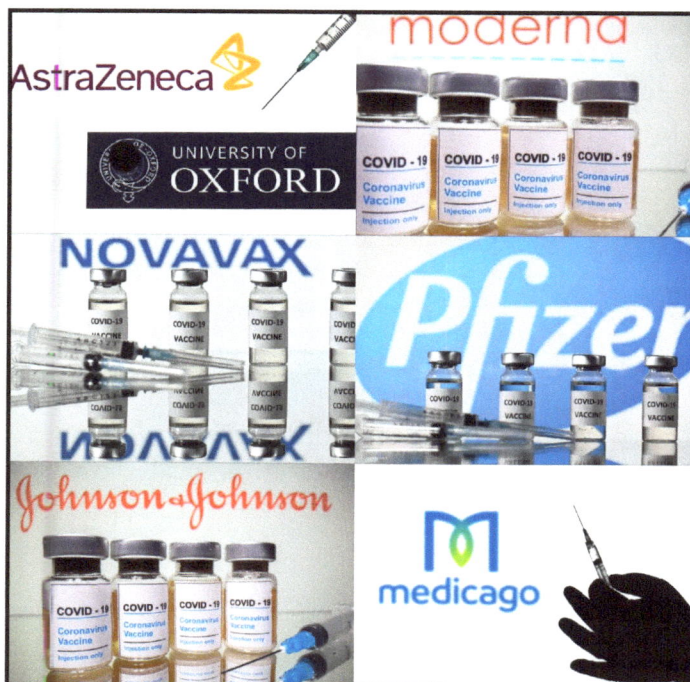

1.AstraZeneca
2. Moderna
3. Novavax
4. Pfizer
5. Johnson and Johnson
6. Medicago

LE MONDE DE DISNEY

Disney est une société multinationale de divertissement et de médias basée aux États-Unis. C'est la plateforme de télévision pour enfants la plus populaire au monde et l'une des six entreprises qui contrôlent 90 % des médias télévisés, dont CBS, Viacom, Time Warner et CBS. Par conséquent, la programmation psychologique de Disney dans ses émissions et le contrôle de l'esprit des monarques sur ses stars servent un objectif sinistre. Les Illuminati sont un groupe de manipulation mentale composé de nombreux sionistes, dont Walt Disney. En outre, Disney World a des antécédents d'exploitation d'enfants et de trafic d'êtres humains.

LES SIONISTES DE DISNEY WORLD

1. **Bob Chapek :** Ancien dirigeant américain du secteur des médias qui a occupé le poste de directeur général de The Walt Disney Company de 2020 à 2022.
2. **Alan Bergman :** Depuis 2001, Bergman a occupé des postes de direction au sein des Walt Disney Studios.
3. **Jennifer Cohen :** Jennifer Cohen est vice-présidente exécutive de la responsabilité sociale de l'entreprise pour The Walt Disney Company.
4. **Susan Arnold :** Susan E. Arnold, chef d'entreprise américaine, est la présidente de The Walt Disney Company.
5. **Zenia Mucha :** Première vice-présidente exécutive et directrice de la communication de The Walt Disney Company.
6. **Alan N. Braverman :** ancien secrétaire, avocat général et premier vice-président exécutif de la Walt Disney Company.
7. **Jay Ruslo :** A été premier vice-président exécutif et directeur financier de The Walt Disney Company.
8. **Brent Woodford :** Vice-président exécutif de la Walt Disney Company.
9. **Mary T Barra :** Conseil d'administration de la Walt Disney Company.
10. **Ronald L. Iden :** Premier vice-président chargé de la sécurité à la Walt Disney Company, depuis 2004.

Les Juifs représentent environ 20 % du personnel de la NPR (National Public Radio), qui est financée par les contribuables américains. Pourquoi les citoyens juifs américains et israéliens sont-ils autorisés à représenter environ un cinquième de la station de radio publique financée par les contribuables américains, alors qu'ils ne représentent que 2 % de la population ? Le fait que les présidents, les éditeurs, les éditeurs adjoints, les rédacteurs en chef, les présidents des informations, les présidents de la télévision, les présidents des sports, les présidents des films, les affiliés et les correspondants de la Maison Blanche, les PDG affiliés, les directeurs d'exploitation et la majorité des cadres soient des sionistes juifs est étrange si l'on considère qu'environ 2 % des Américains sont juifs. Cela montre à quel point la conspiration des réseaux est étroitement liée. Ce sont ces personnes qui contrôlent l'internet, les médias, la musique et toute une série d'autres domaines qui peuvent tous être manipulés en masse. Les gens doivent savoir qu'il s'agit d'un groupe de personnes qu'il est interdit de critiquer ou de remettre en question, sous peine d'être ridiculisé par les médias. Le plus souvent, les groupes qui font le mal sont ceux que l'on n'a pas le droit de critiquer. En raison des liens étroits entre l'Amérique et Israël, de nombreux agendas, en particulier ceux liés à des événements tels que les attaques terroristes du 11 septembre, peuvent se propager dans le monde occidental. Les 1 % de juifs les plus élitistes sont essentiellement de purs satanistes.

Quelques Faits sur la Famille Aristocratique Juive Rothschild

L'une des familles et organisations les plus puissantes et les plus secrètes au monde, qui tire les ficelles.

(1) Famille Rothschild (2) Le « Bal des Illuminati » des Rothschild

VOICI QUELQUES FAITS ET THÉORIES NOTABLES

- Il existe une île Rothschild en Antarctique. L'île Rothschild est une île noire et accidentée de 39 kilomètres de long.

- Ils sont l'un des établissements du Nouvel Ordre Mondial.

- Ils ont une influence et un contrôle sur le système financier, comme les banques.

- Ce sont les noms de nombreux insectes, villes et rues du monde entier. Citons par exemple Lampropela Rothschildi, Onithopetra Rothschildi et Girafia Rothschildi.

- Ils sont les éléments constitutifs et les fondements du système actuel

- Aux XVIIIe et XIXe siècles, leurs conseils en matière de proximité politique et de questions empiriques étaient cruciaux.

- Ils sont connus pour un certain nombre d'expériences, dont l'expérience Tuskegee et l'opération Paperclip.

- En termes de structure pyramidale, ils comptent parmi les individus les plus puissants du monde et orientent l'action des gouvernants.

- Mayer Rothschild. Le père fondateur de la finance internationale

- La famille Rothschild est l'une des fondations des Illuminati et a utilisé sa richesse financière pour contrôler le monde.

- La famille Rothschild fait la loi

- Les Rothschild sont les principaux responsables de catastrophes mondiales telles que la guerre napoléonienne et du financement des guerres.

- La famille Rothschild organise régulièrement une fête d'élite exclusive appelée « Bal des Illuminati », où les gens portent des masques et s'habillent comme des occultistes.

- Les Rothschild sont les plus grands propriétaires terriens de la planète.

- Adolf Hitler était un Rothschild. Adolf Hitler était le petit-fils de Salomon Mayer von Rothschild.

- Afin de maintenir une lignée pure, la famille Rothschild a eu recours à l'inceste.

CATASTROPHE EN MATIÈRE DE RELATIONS PUBLIQUES AU LIBAN

Les élites médiatiques juives contrôlent CNN, le New York Times, 21st Century, NBC News et NPR. Israël a décidé d'établir des structures institutionnelles permanentes pour contrôler la façon dont les Américains perçoivent le Moyen-Orient, comme en témoigne le désastre des relations publiques au Liban. Israël a lancé le « projet Hasbara » en 1983 dans le but d'obtenir une bonne presse dans les médias américains. La formation des diplomates israéliens à la communication et aux relations publiques avait pour objectif de « former des agents d'information à présenter le cas d'Israël aux présentateurs de télévision du monde entier ». Ils ont dispensé aux attachés de presse et aux consulats israéliens aux États-Unis une formation visant à garantir que les journalistes américains produisent un contenu favorable à Israël. Au cours des années 1980, l'un de ces attachés de presse a déclaré : « J'ai pris mon petit-déjeuner, mon déjeuner et mon dîner avec des journalistes ». La plupart du temps, les appels avec des producteurs d'émissions d'information et de chat bien connus commencent. Il s'agit d'une « formulation conjointe d'idées », comme il l'a décrit.

Alisa Solomon (journaliste, The Village Voice, USA) : « Le bureau de presse israélien crache des communiqués de presse, des déclarations, des informations, tout le temps... »

Hussein Ibish (American-Arab Anti Discrimination Committee, USA) : « Souvent, les histoires sont déjà orientées en faveur des Israéliens avant même qu'elles ne quittent les journalistes américains présents dans la région ».

La couverture de l'actualité américaine est influencée par un ensemble complexe de relations et d'institutions ; une série de filtres sont utilisés pour séparer ces influences.

1. **Fonctionnement des entreprises médiatiques américaines :** Sociétés et intérêts qui s'étendent au-delà des États-Unis et à travers le monde.
2. **Élites politiques :** Les intérêts économiques des propriétaires de médias sont partagés par les élites politiques, les politiciens et les décideurs forment un deuxième filtre. Ces élites politiques ont le pouvoir d'accéder aux médias grand public et de les influencer, et font elles-mêmes partie du système dominé par l'argent et les intérêts.
3. **Gouvernement israélien - Campagne de relations publiques :** Campagnes de relations publiques menées par les Israéliens pour utiliser les médias à leur avantage.

- Le gouvernement israélien emploie certaines des plus grandes sociétés américaines de relations publiques comme consultants en image pour coordonner ses campagnes médiatiques et politiques. (Ruder Finn, Well Associates, NYPR, Leydon Communications, Rubenstein Associates, Morris Carrick et Guma).

- Neuf consulats israéliens contribuent à la mise en œuvre de ces campagnes de relations publiques en développant des relations et en surveillant les médias : Atlanta, Boston, Chicago, Houston, Los Angeles, Miami, New York, Philadelphie, San Francisco et Washington D.C.

- Des dizaines d'organisations privées américaines, tant chrétiennes que juives, réitèrent la ligne officielle et organisent l'opposition de la base à toute couverture médiatique défavorable à Israël : Americans For a Safe Israel, American Friends of Likud, Christian Coalition, Christian Broadcasting Network, American Jewish Congress, Christian Friends of Israel, American Israeli Friendship League, Friends of Israel, Intercessors for Israel, Jewish National Fund, Israel My Beloved, Labor Zionist Alliance, Jews for Jesus, Messianic Jewish Alliance of America, Focus on Jerusalem, Jewish Voice Ministries.

- Le plus important d'entre eux est l'AIPAC (American Israeli Public Affairs Committee), largement considéré comme le lobby étranger le plus puissant de Washington.

4. Groupes de surveillance : Surveillent et font pression sur les journalistes et les médias : Anti-Defamation League, Palestine Media Watch, Lye On The Post, Facts and Logic About the Middle East, Honest Reporting. Le plus important d'entre eux est « CAMERA ».

À la fin du XIXe siècle et au début du XXe siècle, les institutions financières juives ont joué un rôle crucial dans le développement du capital aux États-Unis. Les Juifs ont joué un rôle majeur dans la création des principales banques d'investissement de Wall Street, et des banquiers juifs comme les familles Rothschild et Warburg ont eu un effet essentiel sur le développement de la banque moderne en Europe et aux États-Unis. De nombreux juifs allemands ont créé des sociétés de banque d'investissement au milieu du XIXe siècle, qui sont devenues des piliers du secteur. La majorité des banques juives bien connues aux États-Unis ne sont pas des banques commerciales, mais des banques d'investissement.

Comme il était historiquement interdit aux chrétiens de travailler dans la banque, les juifs ont pris le contrôle de ce secteur dans l'Europe médiévale après avoir été chassés de toutes les autres professions. L'histoire des Juifs dans le secteur bancaire est assez longue. Certains des noms les plus connus (ou les plus méprisés/ciblés) de la banque internationale moderne sont juifs. Les Sachse, les Lehman, les Lazard, les Rockefeller, les Rothschild, les Warburg, les Stern, les Wendel, Bache and Co, Salomon Brothers, les Weinberg, par exemple, ainsi que les Goldman et leurs associés.

Les Illuminati

Les Illuminati sont une hiérarchie de sociétés secrètes et de familles qui opèrent sous une même bannière avec d'autres sociétés secrètes qui se confondent, comme la franc-maçonnerie. Le terme « Illuminati » en est venu à désigner un certain nombre d'autres sociétés secrètes qui étaient une continuation des Illuminati bavarois d'origine ou d'une saveur différente. Les Illuminati, la franc-maçonnerie et d'autres sociétés secrètes ont été interdites par un édit de Charles Théodore, électeur de Bavière, avec le soutien de l'Église catholique, en 1784, 1785, 1787 et 1790, avant la formation des Illuminati. Cependant, il a continué à être poursuivi. Parmi les membres de l'ordre figuraient d'éminents hommes politiques et des personnalités influentes comme Ferdinand de Brunswick et le diplomate Franz Xaver von Zach, qui fut le commandant en second de l'ordre. L'organisation attirait des sommités littéraires comme Johann Gottfried Herder et Johann Wolfgang von Goethe, ainsi que les ducs de Gotha et de Weimar. Les « Perfectibilistes » ont été fondés par Weishaupt et quatre autres étudiants le 1er mai 1776, et leur emblème était la « Chouette de Minerve ». Cette « chouette » est aujourd'hui le symbole du dieu Moloch et de la société secrète Bohemian Grove.

Lucifer a inventé le terme « Illuminati », qui signifie « détenteurs de la lumière » et fait également référence à la « barrière de lumière ». Les Illuminati ont un certain nombre de buts et d'objectifs à atteindre, dont les suivants.

- **UN GOUVERNEMENT MONDIAL UNIQUE**
- **UNE ÉCONOMIE MONDIALE UNIQUE**
- **UNE ARMÉE MONDIALE UNIQUE**
- **UNE SOCIÉTÉ MONDIALE UNIQUE**
- **UNE RELIGION MONDIALE UNIQUE**

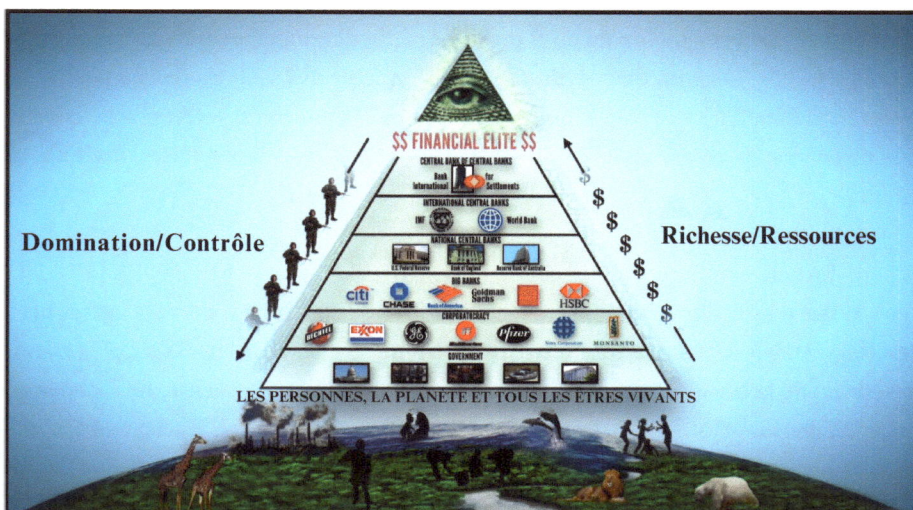

13 LIGNES DE SANG des Illuminati

Fritz Springmeier a dressé la liste des « 13 lignées Illuminati » qui ont des liens avec l'élite occulte de la classe dirigeante. Note : Ces informations sont disponibles sur la page des archives officielles de la CIA.

1. La lignée des Astor
2. La lignée Bundy
3. La lignée des Collins
4. La lignée DuPont
5. La lignée Freeman
6. La lignée Kennedy
7. La lignée Li
8. La lignée des Onassis
9. La lignée des Rockefeller
10. La lignée Rothschild
11. La lignée Russell
12. La lignée Van Duyn
13. Merovingian

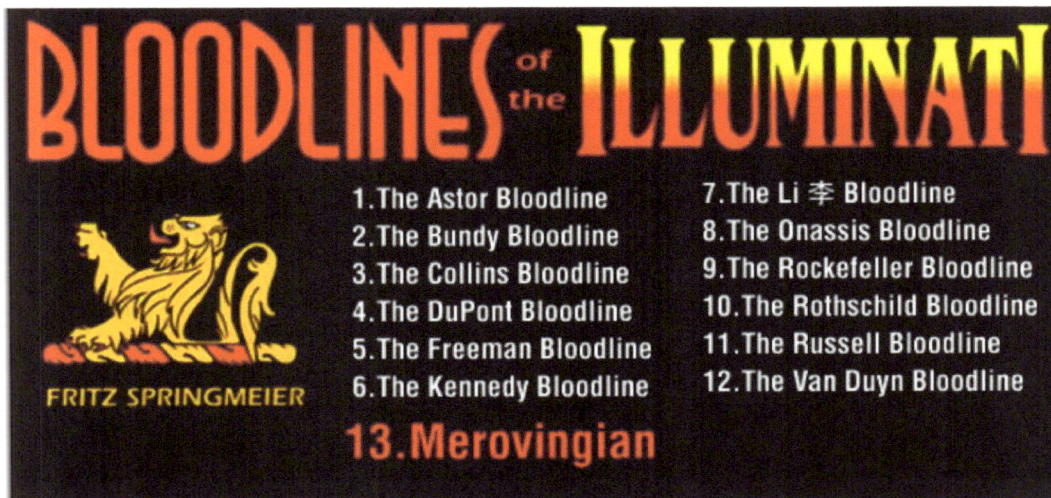

L'antéchrist sera issu des Mérovingiens, la 13e lignée des Illuminati. Les quatrains les désignent sous le nom de « Le Grand Monarque ».

Liste des 13 Lignées Saturniennes

Beaucoup ont entendu parler des 13 familles Illuminati, mais peu connaissent la Fraternité Saturnienne - les 13 lignées zoroastriennes.

1. **Maison de Borja**
2. **Maison de Breakspeare**
3. **Maison de Somaglia**
4. **Maison de Orsini**
5. **Maison de Conti**
6. **Maison de Chigi**
7. **Maison de Colonna**
8. **Maison de Farnese**
9. **Maison de Medici**
10. **Maison de Gaetani**
11. **Maison de Pamphili**
12. **Maison de Este**
13. **Maison de Aldobrandini**

Il s'agit d'une liste de familles nobles importantes encore imprégnées de paganisme et de religion occulte. Ces lignées sont liées à la grande dévotion ancienne de Saturne et remontent à la romanisation de Baal. Bien que le Pape Noir soit le jésuite le plus haut placé, les lignées papales, comme on les appelle parfois, sont les groupes occultes de l'Ordre des Jésuites. De nombreux chefs de lignées papales vivent actuellement en Asie et en Inde.

Conclusion : Il s'agit des principaux réseaux et organisations qui influencent le monde en amont. Il est essentiel de connaître l'opposition et ses objectifs. Ils ne sont pas là pour vous aider ou vous protéger, mais pour tromper l'humanité et répandre leurs objectifs sataniques.

Chapitre 3: Symbolisme et Rituels - Édition des Sociétés Secrètes - Introduction

Chapitre 3 : Symbolisme et Rituels - L'Édition des Sociétés Secrètes

Introduction au Symbolisme

Le symbolisme est utilisé par les sociétés secrètes du monde entier pour asseoir leur identité et contrôler les affaires mondiales. Les symboles permettent aux gens de voir au-delà de ce qui est connu en formant des messages à partir d'idées et d'expériences différentes. Les symboles, qui peuvent inclure des sons, des gestes, des images et des concepts qui véhiculent un système de croyances, sont utilisés dans toutes les formes de communication. Parmi les nombreuses variétés, on trouve les métaphores, les archétypes, les allégories, les schémas, les cartogrammes et d'autres formes. Les nombres sont un type de symbole, car ils transmettent des informations par le biais de valeurs numériques exactes qui peuvent avoir des connotations ésotériques, telles que « 666 », « 33 » et « 13 ». Chaque symbole de l'occultisme est présenté comme des valeurs supérieures qui s'opposent à leur volonté sur l'humanité. Chaque symbole illustre une « valeur symbolique » et détient un pouvoir au sein d'un système de croyance. De la même manière que les formes géométriques reflètent les signatures picturales des divinités et des esprits, les symboles sont également utilisés en magie pour signifier le résultat escompté par le praticien.

Les symboles ont été utilisés à des fins magiques et cultuelles tout au long de l'histoire, depuis l'ère néolithique. Dans la magie ancienne, le terme « sigil » était utilisé pour décrire un message ou une directive complexe. L'expression « sigil magique » fait référence à l'utilisation de symboles occultes pour représenter des anges et des démons spécifiques que le praticien souhaitait invoquer et utiliser contre ses ennemis. Par le biais d'exemples banals tels que les logos d'entreprises, la télévision en continu, les supermarchés et même les panneaux de signalisation, votre subconscient est continuellement exposé à des sigils. Toute notre existence est imprégnée de sortilèges. Des messages subliminaux sont souvent diffusés dans les jeux pour enfants et les émissions de télévision. Ces signaux peuvent programmer psychologiquement le comportement et avoir un impact sur la personnalité. Le « comportement symbolique » est la pratique qui consiste à utiliser des symboles pour mieux comprendre son environnement et construire une réalité sociale. Les gens perçoivent les signaux symboliques et réagissent collectivement au sein de la culture organisationnelle.

Pour que la race humaine adhère au désir des élites de poursuivre leur idéologie et leur plan d'avenir, les symboles et les thèmes occultes servent de lois karmiques et universelles qui expriment l'allégeance des ordres aux agendas sataniques et illuminati. Chaque signification et symbolisme occulte montré dans les films sert d'illustration à la domination et de catalyseur à son existence. Les élites occultes croient que leurs symboles et leurs gestes leur donnent du pouvoir. Ils continueront à utiliser ces gestes et ces symboles pour se moquer du public tant que celui-ci restera aveugle et ignorant. **Je vais commencer à vous montrer le symbolisme occulte derrière les sociétés secrètes qui sont incorporées dans notre vie quotidienne. Commençons par le tristement célèbre billet de 1 $!**

Symbolique occulte du billet de 1 $

Le billet d'un dollar est important, car il marque le point de départ de l'éthique et de l'exécution initiale du système financier. Tous les établissements secrets sont énumérés, décrits brièvement et leurs objectifs sont énoncés sur le billet d'un dollar. Il y a plusieurs significations symboliques et messages cachés sur le billet d'un dollar, et cela a été créé avec la Maçonnerie à l'esprit. Cette réalité de troisième dimension est gérée par le matérialisme, que les élites ont développé et que la société dominante a adopté. C'est l'une des méthodes utilisées par Satan pour manipuler le monde. **Voici les messages cachés et le symbolisme du billet d'un dollar :**

Voici le billet d'un dollar, vous verrez automatiquement qu'il y a beaucoup de symbolisme et de messages si vous prêtez attention aux détails. **Pour commencer, le projet de billet de 1 dollar a été conçu par V.P. Wallace et approuvé par Franklin D. Roosevelt, tous deux francs-maçons de haut rang à 32 degrés.**

Dans le New Age Magazine – « L'Organe Officiel du Suprême Conseil 33° » – RITE ÉCOSSAIS ANCIEN ET ACCEPTÉ DE LA FRANC-MAÇONNERIE JURIDICTION SUD DES ÉTATS-UNIS D'AMÉRIQUE – avril 1960, Volume LXVIII, Numéro 4, **sont répertoriés les symboles maçonniques figurant sur un billet de 1 dollar, illustrés par un Franc-maçon du 32°. Il s'agit des symboles suivants :**

- **"13" feuilles dans les branches d'olivier**
- **"13" barres et rayures dans le bouclier**
- **"13" plumes dans l'empennage**
- **"13" flèches**
- **"13" lettres dans l'inscription "E Pluribus Unum" sur le ruban**
- **"13" étoiles dans le cimier vert**
- **"13" pierres de granit dans la pyramide complétée par l'œil maçonnique "l'Œil Omniscient".**
- **13 » lettres dans Annuit Coeptis, "Dieu a prospéré".**
- **« Sur le recto du billet d'un dollar figure le sceau des États-Unis, composé d'une clé, d'une équerre et de la balance de la justice, ainsi que d'un compas qui, bien sûr, est un symbole important de la maçonnerie. » - James B, Walker 31**

De toute évidence, le billet d'un dollar a été conçu pour représenter les francs-maçons et ses implications ésotériques. Il est essentiel de prêter attention au chiffre « 13 », qui représente les « 13 » familles des Illuminati. Mais ce n'est pas tout ! **Suivez-nous :**

Grappe de « 13 » étoiles sur un aigle formant un « hexagramme » : L'hexagramme à 6 branches formé sur l'aigle est très utilisé dans la magie noire, l'occultisme, le mysticisme et la franc-maçonnerie.

« Les triangles ou deltas entrelacés symbolisent l'union des deux principes ou forces, l'actif et le passif, le mâle et la femelle, qui imprègnent l'univers... Les deux triangles, l'un blanc et l'autre noir, qui s'entrelacent, symbolisent le mélange des opposés apparents dans la nature, l'obscurité et la lumière, l'erreur et la vérité, l'ignorance et la sagesse, le mal et le bien, tout au long de la vie humaine ». **- Albert G. Mackey : Encyclopédie de la franc-maçonnerie**

Cet hexagramme est utilisé comme ornement à l'intérieur et à l'extérieur des temples francs-maçons et est présent dans l'architecture du temple de Salomon. Comme le pentagramme, l'hexagramme était utilisé dans les rituels cérémoniels et ésotériques de magie noire associés au culte saturnien et satanique. L'étoile à six branches est principalement utilisée comme talisman et pour invoquer des esprits et des démons de niveau inférieur. L'étoile à six branches est également connue sous le nom de « Sceau de Salomon » et il y est fait allusion en tant que talisman de « Saturne » dans « The History and Practice of Magic, Vol. 2 » (L'histoire et la pratique de la magie, vol. 2).

Le billet de 1 dollar se révèle être « MASON », formant un hexagramme au sommet de la pyramide des Illuminati « l'Œil Omniscient ». Il représente l'œil de Lucifer, symbole du commandement et du contrôle du système par le haut. Il a été approuvé et conçu par le 32e président Franklin D. Roosevelt et le vice-président Henry A. Wallace.

La triple hélice « 666 » en haut à droite ; 6 étoiles extérieures entourent les 7 étoiles intérieures dans la formation du triangle qui donne la sujétion de l'œil de l'Illuminati Luciférien.

Personne n'achètera ou ne vendra quoi que ce soit avec la triple hélice « 666 », qui est implémentée dans notre système monétaire ainsi que dans les codes-barres.

Code UPC : Apocalypse 13:16-18 comme la « marque », le « nom » ou le « numéro » de la bête - pour marquer le front ou la main droite de tous ceux qui achètent ou vendent. Le nombre de la bête, Satan « 666 », figure sur notre billet d'un dollar ainsi que sur nos codes-barres UPC. Le système monétaire et financier est d'inspiration satanique, car il est créé pour manipuler et donner du pouvoir aux méchants.

Cérémonie rituelle de Bohemian Grove - Enregistré par Alex Jones

Minerve sur le billet d'un dollar

La cérémonie qui s'est déroulée au Bohemian Grove a donné lieu à un rituel satanique lié au Moloch, qui a été filmé. Un dieu cananéen maléfique connu sous le nom de Moloch est lié aux sacrifices d'enfants. Les plus grands gouverneurs et hommes politiques ont participé à cette cérémonie et sont membres du Bohemian Club.

Le Bohemian Grove est une société secrète créée en 1872. Tous les présidents américains républicains depuis 1923 ont été membres du Bohemian Grove, y compris Nixon, Reagan et la famille Bush. Des chefs d'entreprise, des responsables politiques, des directeurs de médias et d'autres personnes puissantes en font également partie. Le culte de l'élite a conduit à de nombreuses opérations telles que la bombe atomique, lors de l'opération Manhattan.

Le billet d'un dollar est orné du hibou symbolique de Bohemian Grove, connu pour être le compagnon du dieu Moloch et un symbole de la mort et de la sagesse.

De nombreuses civilisations vénèrent Molech, également connu sous le nom de Moloch, Molek ou Chouette de Minerve, une ancienne divinité du Proche-Orient communément représentée sous la forme d'un hibou. Selon la Bible, les Cananéens, les Carthaginois, les Phéniciens et les Israélites offraient tous des sacrifices humains, y compris de jeunes enfants et des nouveau-nés. Dans les sociétés secrètes, la chouette peut être associée à la déesse Athéna, qui représente la sagesse ésotérique. Moloch continue d'être honoré par l'élite d'aujourd'hui de la même manière qu'il l'était dans l'Antiquité. Dans la société moderne, il est encore pratiqué par des gouvernements, des groupes religieux et des entreprises.

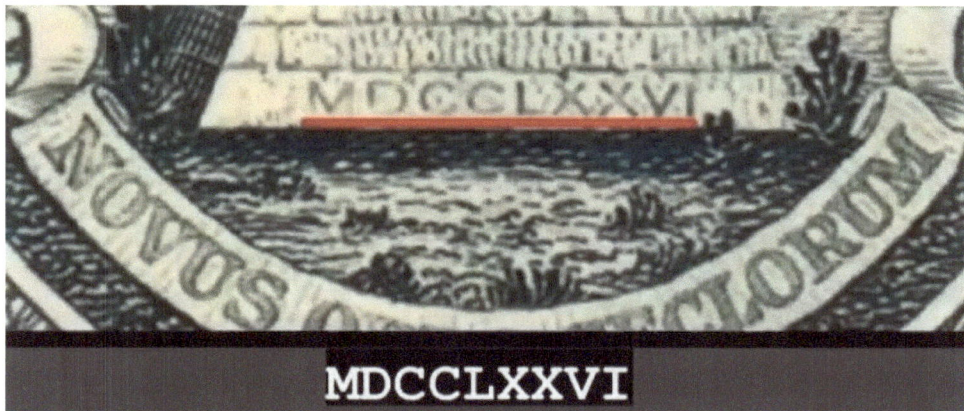

Nombres de base du billet de 1 $: MDCCLXXVI. Convertir les chiffres romains en nombres.

Chiffre romain	=	Équivalence des nombres
M	=	1000
DCC	=	700
LXX	=	70
VI	=	6
Total	=	**1776**

Les nombres de base en chiffres romains symbolisent « 1776 », date de la création des Illuminati de Bavière. **La date de création des Illuminati figure sur le billet d'un dollar ! MDCCLXXVI est le symbole de « 1776 ».**

En additionnant les nombres de base de **MDCCLXXVI**

Chiffre romain	=	Équivalence des nombres
M	=	1000
C	=	100
X	=	10
Total	=	6

1776 - 1000 - 100 - 10 = 666. Calcul du symbole numérique de MDCCLXXVI et soustraction des nombres de base.

Chiffre romain	=	Équivalence des nombres
DC	=	600
LX	=	60
VI	=	6
Total	=	666

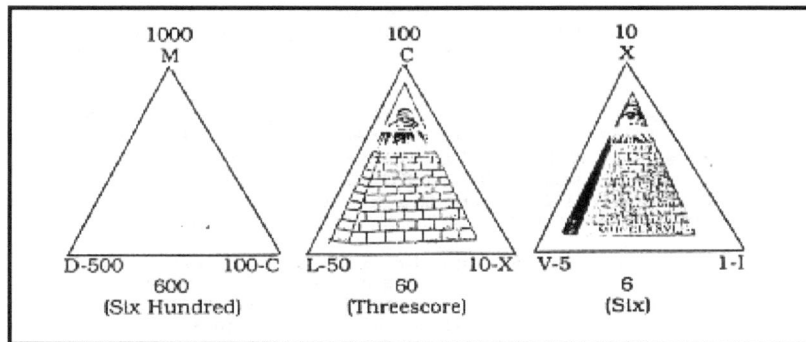

Le billet d'un dollar est lié aux Illuminati lucifériens car il fait référence à Satan, au numéro de la bête et à l'année de fondation 1776. L'imagerie occulte satanique et l'idéologie du « Nouvel ordre mondial luciférien » figurent toutes deux sur le billet d'un dollar. Les États-Unis ont été créés en même temps que les Illuminati (1776). Les États-Unis sont une société achetée par des élitistes.

Consultez le CODE DES ÉTATS-UNIS (notez la majuscule, qui indique la société et non la République) Titre 28 3002 (15) (A) (B) (C)

L'aigle tient un rameau d'olivier, symbole de la paix, avec 13 baies et 13 feuilles. Dans sa serre gauche, il tient 13 flèches, qui représentent la guerre. Les 13 étoiles au-dessus de sa tête représentent les 13 colonies originelles.

Le chiffre occulte « 13 » est souvent utilisé.

NOVUS ORDO SECLORUM =Un nouvel ordre des temps = LE NEW DEAL
Compris comme les Illuminati en tant que: Le « Nouvel Ordre Mondial » par leur contrôle

La Synagogue de Satan est représentée sur le billet de 1 $ ou connue sous le nom de symbole de Saturne. Il est important de noter qu'il s'agit d'une conception maçonnique créée par des sionistes francs-maçons.

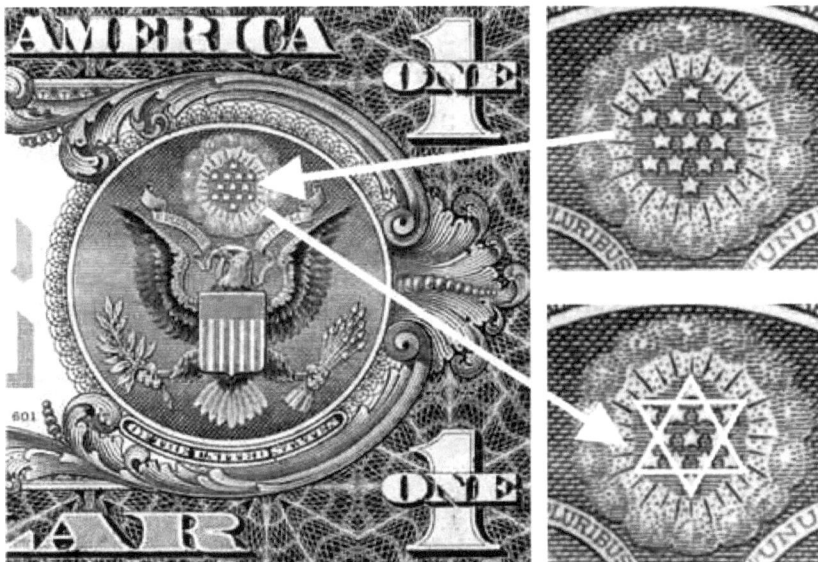

- **Isaac Mayer Wise :** « La franc-maçonnerie est un établissement juif, dont l'histoire, les grades, les nominations officielles, les mots de passe et les explications sont juifs du début à la fin. »
- **Franklin D. Roosevelt :** Le président Roosevelt, contrôlé par le banquier juif Bernard Baruch, a commandé la pyramide, l'«œil qui voit tout » et l'inscription latine « Novus Ordo Seclorum ». (en latin, « Nouvel ordre des âges ») sur le billet d'un dollar américain).

Signification du Phénix dans la Franc-Maçonnerie

Depuis l'Égypte ancienne, le phénix est le symbole de la fraternité dans la franc-maçonnerie. Sur la base d'un dessin proposé par Charles Thompson, secrétaire du Congrès continental, le phénix a été choisi par les Pères fondateurs pour figurer au verso du premier sceau officiel des États-Unis. Dans le monde occulte, le symbole du « Phénix » représente Lucifer, le représentant d'un dieu qui « monta au ciel sous la forme d'une étoile du matin » après son immolation par le feu de la mort et de la renaissance. C'est un symbole de Lucifer qui a été jeté dans les flammes et qui se relèvera un jour triomphant. Ceci est également lié à l'ascension d'Hiram Abiff, le « Christ maçonnique », personnage central d'une allégorie présentée à tous les candidats au troisième degré de la franc-maçonnerie. Hiram est présenté comme l'architecte en chef du Temple du roi Salomon.

1. Manly P. Hall : « On dit que le phénix vit 500 ans et qu'à sa mort, son corps s'ouvre pour laisser apparaître le nouveau phénix. En raison de ce symbolisme, le phénix est généralement considéré comme représentant l'immortalité et la résurrection... Le phénix est l'un des signes des ordres secrets de l'ancien monde et de l'initiation à ces ordres, car il était courant de désigner celui qui avait été accepté dans les temples comme un homme deux fois né, ou renaissant. La sagesse confère une nouvelle vie, et ceux qui deviennent sages naissent à nouveau ». - **Manly P. Hall, 33e degré, K.T., dans son livre The Phoenix : An Illustrated Review of Occultism and Philosophy : (p.176-77)**

2. **Manly P. Hall :** « Il s'agit des immortels auxquels le terme « phénix » a été appliqué, et leur symbole était le mystérieux oiseau bicéphale, aujourd'hui appelé aigle, un emblème maçonnique familier et peu compris » - **Manly P. Hall, The Lost Keys of Freemasonry (p. 108 ; souligné par nous).**

3. Albert Pike : « ...l'aigle était le symbole vivant du Dieu égyptien Mendes...et le représentant du Soleil... » **- Albert Pike, dans Magnum Opus (p. xviii)**

- **Symbole de Lucifer :** Après avoir reconnu que l'oiseau phénix de l'Égypte ancienne a été transformé en aigle maçonnique, Pike reconnaît également que l'aigle est le symbole du Dieu Soleil et du Dieu de Mendès, qui sont tous deux des symboles communs de Satan et de Lucifer.
- **Devise « DEUS MEUMQUE JUS » :** La devise « DEUS MEUMQUE JUS » figurant sur l'insigne du 33e degré de la franc-maçonnerie, au-dessous des deux aigles, signifie en latin « Dieu et mon droit ». Les francs-maçons affirment que pour obtenir leurs droits et la justice, ils « utilisent des méthodes occultes, par l'intermédiaire de Lucifer ».
- **Devise "Born Again":** Les francs-maçons, comme tous les occultistes, font référence à leurs initiés qui ont terminé leur initiation, comme étant **« Renaître à Nouveau »**. Tout comme George Bush, un initié des Skull and Bones, en 1988.
- **Phénix/Occultisme:** Les adeptes du mouvement New Age, de l'occultisme et de la franc-maçonnerie croient que Lucifer a été injustement chassé du paradis par Dieu et qu'il « ressuscitera » pour régner sur l'univers à la place de Dieu. Les adeptes de Lucifer sur Terre sont censés découvrir la « connaissance secrète » ou « gnose » de Lucifer et, après une initiation, ils « renaissent » pour devenir des dieux ! C'est comme une « renaissance » des anciennes religions occultes à mystères dans notre monde.

4. R. Swinburne Clymer: « Lorsqu'ils [les païens] voulaient exprimer le renouvellement ou le début de l'année, ils la représentaient sous la forme d'un gardien de porte. Il se distinguait facilement par les attributs d'une clé ... Parfois, ils lui donnaient deux têtes, dos à dos ... Avec le temps, ce [symbole de la clé dos à dos] est devenu l'aigle bicéphale de la Maçonnerie symbolique ». **- R. Swinburne Clymer, The Mysteries of Osiris, 1951, (p. 42)**

Le satanisme et la franc-maçonnerie sont étroitement liés ; ils sont structurés parmi leurs degrés les plus choisis et constituent une base et une formation importantes pour les deux groupes. Voici une photo des emblèmes de la franc-maçonnerie et de l'Église de Satan côte à côte. Voyez-vous maintenant la corrélation symbolique ? Dans la philosophie franc-maçonne, cela représente précisément leurs objectifs ainsi que leurs affirmations et leurs efforts sataniques. (1) Pentagramme MASON sur le billet de 1 $ à côté du symbole de l'Église de Satan. (2) Ordre de l'Étoile de l'Est, franc-maçonnerie.

Dans la franc-maçonnerie, le pentagramme inversé de la magie solomonique est un emblème courant. Le pentagramme représente ici Lucifer. Des publications des années 1800 affirment que le plus haut degré de la franc-maçonnerie honore l'ange déchu Lucifer.

Tous les Symboles Réunis

Nations Unies - Franc-maçonnerie

Les Nations unies sont un symbole de la franc-maçonnerie. Elle contient une rotation circulaire de 33 degrés qui symbolise le 33° de la franc-maçonnerie (les « 33 » rayons). Les Nations Unies, comme nous l'avons déjà mentionné, établissent le Nouvel Ordre Mondial avec l'aide des sociétés d'édition lucifériennes et de la franc-maçonnerie.

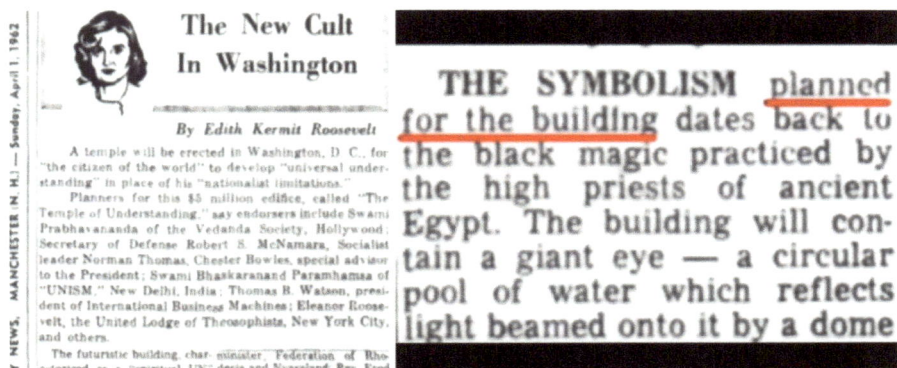

The New Cult In Washington

By Edith Kermit Roosevelt

A temple will be erected in Washington, D. C., for "the citizen of the world" to develop "universal understanding" in place of his "nationalist limitations."

Planners for this $5 million edifice, called "The Temple of Understanding," say endorsers include Swami Prabhavananda of the Vedanta Society, Hollywood; Secretary of Defense Robert S. McNamara, Socialist leader Norman Thomas, Chester Bowles, special advisor to the President; Swami Bhaskarananda Paramhamsa of "UNISM," New Delhi, India; Thomas B. Watson, president of International Business Machines; Eleanor Roosevelt, the United Lodge of Theosophists, New York City, and others.

The futuristic building, char- minister, Federation of Rho-

THE SYMBOLISM planned for the building dates back to the black magic practiced by the high priests of ancient Egypt. The building will contain a giant eye — a circular pool of water which reflects light beamed onto it by a dome

Les Nations unies sont un symbole de la franc-maçonnerie. **Elle contient une rotation circulaire de 33 degrés qui symbolise le 33° de la franc-maçonnerie (les « 33 » rayons).** Les Nations Unies, comme nous l'avons déjà mentionné, établissent le Nouvel Ordre Mondial avec l'aide des sociétés d'édition lucifériennes et de la franc-maçonnerie.

Il s'agit d'une équerre maçonnique et d'un compas conçus par **la loge maçonnique de Manawa, symbolisant l'unité mondiale**. Au sommet, on retrouve le même logo que celui des Nations Unies. Les 33 segments de l'emblème de l'ONU sont tous liés à l'héritage mystique de la franc-maçonnerie. Les francs-maçons organisent des agendas cachés mondiaux avec les Nations Unies.

Union Européenne - Nouvel Ordre Mondial

Le même motif qui apparaît sur le billet occulte d'un dollar est un autre aspect de leur symbologie. Le pentagramme satanique qui apparaît dans l'emblème de l'ONU présente également la même figure et des cornes supérieures allongées. Nous avons devant nous un pentagramme satanique inversé !

Un autre élément du logo des nations européennes est l'architecture de leurs bâtiments, qui est une moquerie ! Elle imite la tour de Babel (Genèse 11:1-9), l'histoire d'un peuple qui a tenté de renverser Dieu en s'unissant les uns aux autres.

Oui, je parle de l'histoire où Dieu a tué tout le monde et les a condamnés à l'enfer parce qu'ils ont tous essayé de travailler ensemble mais n'ont pas réussi. Le monde est organisé de la manière dont l'UE et l'ONU le voient.

M15 et Bureau de Sensibilisation à l'Information

Ce symbolisme des Illuminati, l'œil dans le triangle, apparaît également dans des films, des logos d'entreprises, des publicités **et même dans des agences de renseignement comme le M15.**

Le M15, qui collabore avec le M16, le GCHQ, le DI et le JIC, est l'organisation nationale de contre-espionnage et de sécurité du Royaume-Uni. L'œil de Lucifer est utilisé dans le logo comme un clin d'œil à l'idée que les services secrets sont liés à des entités secrètes occultes. De nombreuses personnes travaillant pour ces organisations militaires secrètes sont également membres de sociétés secrètes, qui confèrent à leurs membres un meilleur statut social.

L'œil de Lucifer, emblème des Illuminati, représente la manière dont la lumière du groupe est projetée sur la Terre. Il sert également de logo au **Bureau de sensibilisation à l'information.** Sans mandat de perquisition, le Bureau de sensibilisation à l'information recueille les informations et données personnelles de chaque individu à partir de diverses sources, notamment les courriels personnels, les réseaux sociaux, les relevés de cartes de crédit, les appels téléphoniques, les dossiers médicaux, etc. Des technologies de surveillance biométrique permettant d'identifier et de suivre les individus à l'aide de caméras de surveillance et d'autres méthodes ont également été financées dans le cadre du programme. C'est pour cette raison qu'ils utilisent le mystique « œil qui voit tout », qui sert de symbole à la surveillance de masse de l'humanité par les groupes d'élite.

Le Billet Australien de 20$ - Symbolisme Occulte

Une autre corrélation maléfique avec le symbolisme de l'argent peut être faite avec le billet australien de 20 dollars, qui a lui aussi ses propres connexions occultes. Maintenant que vous connaissez la prévalence et les liens occultes du nombre « 666 », je peux vous montrer où il apparaît. C'est un thème commun d'utiliser « 666 » dans le système monétaire parce qu'il représente le matérialisme et le « système de la bête » qui est utilisé pour contrôler l'humanité et la maintenir sous cette construction sociale. Ces codes et messages cachés se manifestent tous dans le système dans lequel les élitistes opèrent, ce qui ajoute à leur volonté de contrôle et de domination. Le système de l'argent est le carburant du mal qui crée le désir et l'envie d'exploiter les autres et il est le déclin direct du spiritualisme. Cette représentation peut également être suivie par d'autres projets de loi dans différentes nations à travers le monde.

Ce chiffre est représenté par les nombres. Ils ont enlevé le chiffre 1 et séparé le 2, 789 moins 456 égale 333, multiplié par 2 = 666. Ce chiffre dit maintenant que tous les consommateurs sont à l'image de la bête « 666 », le diable. C'est la figure de l'Antéchrist, la même chose que ce que j'ai expliqué avec le code-barres.

Il n'est pas surprenant que l'emblème du Forum économique mondial comporte également le chiffre 666, la bête, pour exprimer sa dévotion au système de la bête. Comme nous l'avons déjà établi, leur objectif est d'éliminer le libre arbitre de l'humanité et sa capacité à progresser en fusionnant les humains avec l'IA et en établissant un nouveau système économique partagé et mondialisé. Vous commencerez à voir que beaucoup d'entreprises, d'organisations, de groupes, d'institutions, de sociétés secrètes et d'entreprises importantes ont une influence occulte sur eux. Il en est ainsi parce que l'Antéchrist et le Nouvel Ordre Luciférien sont ancrés dans la base et la culture de chacune de ces organisations internationales qui s'unissent à l'échelle mondiale.

La 4e Révolution Industrielle, La Grande Remise à Zéro, Le Nouvel Ordre Mondial

Ils nous rappellent simplement qui contrôle le monde, et ils acceptent que l'imagerie leur donne du pouvoir. Certains diront peut-être que c'est un peu exagéré, mais si l'on additionne les valeurs numériques, on se rend compte qu'il y a un lien entre les deux et que cela renforce leur programme. La 15e lettre de l'alphabet, « O », donne « 6 » en numérologie lorsqu'elle est additionnée indépendamment (15= 1+5 = 6), ce qui est mis en évidence dans le « Forum économique mondial » et donne « 666 ». Il est bien connu dans le monde occulte, et sa numérologie ne se sépare jamais de l'essence de l'organisation.

1	2	3	4	5	6	7	8	9
A	B	C	D	E	F	G	H	I
J	K	L	M	N	O	P	Q	R
S	T	U	V	W	X	Y	Z	

THE HERMETIC ORDER
OF THE
GOLDEN DAWN ®

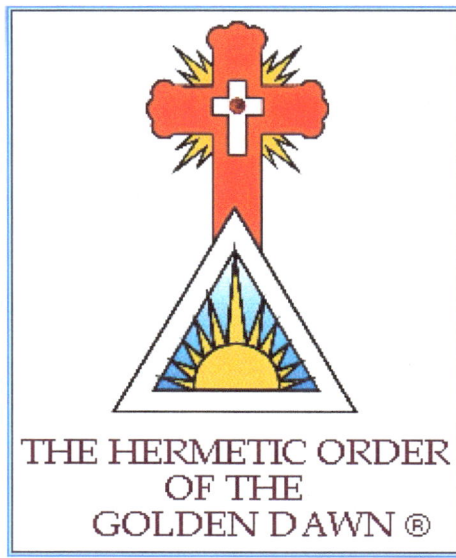

La croix au-dessus du triangle et du soleil représente le culte solaire utilisé par les occultistes, les Romains et les nations sémitiques. Le symbole de la croix fait partie d'un rite initiatique de l'Égypte ancienne et est largement influencé non seulement par de nombreuses nations arborant des croix dans le monde entier, mais aussi par de nombreuses sociétés secrètes telles que la Golden Dawn (Aube dorée). L'origine de la croix est astrologique et représente « l'écliptique et l'équateur céleste ».

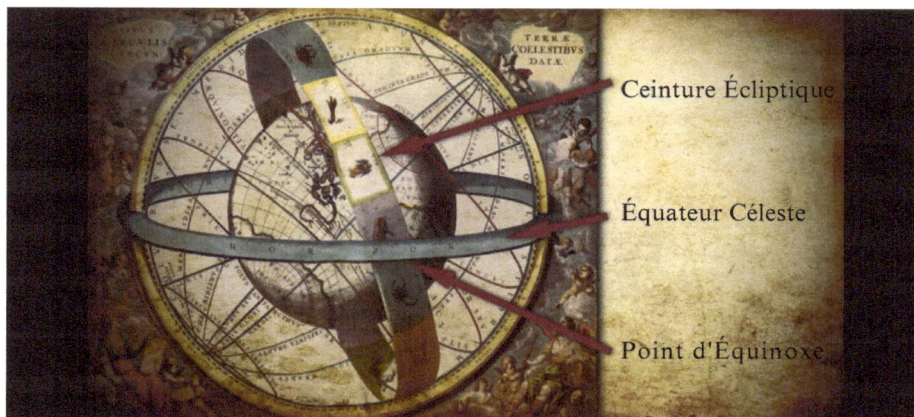

Ceinture Écliptique

Équateur Céleste

Point d'Équinoxe

Il s'agit de la trajectoire du Soleil autour de la Terre. Il s'agit d'une bande d'environ 17 degrés de large, sur laquelle se trouvent les principaux signes astrologiques et les constellations. Cette cloche « traverse » elle-même une autre bande, appelée l'équateur céleste. Lorsque le Soleil atteint chaque année ces deux points de jonction, nous avons les équinoxes de printemps et d'automne.

Skull and Bones - Société Secrète

- Skull and Bones est une société secrète fondée en 1832, qui compte parmi ses membres d'anciens présidents des États-Unis, tels que George H.W Bush et George W. Bush, ainsi que le secrétaire d'État américain John Kerry. Les membres de la Lilonia, des Brothers of Unity et de la Calliopean Society ont formé le Skull and Bones « 322 ». Le Skull and Bones est situé à l'université de Yale, où seuls 15 membres sont admis chaque année, et est occupé par de nombreux dirigeants et hommes d'affaires du monde entier.

- Le symbole des Skull and Bones représente la « mort » et est un symbole moderne qui symbolise le « danger ». Le symbole horrible de Skull and Bones est en corrélation avec les activités rituelles sataniques qui se déroulent dans la tombe secrète, telles que les simulacres de sacrifices humains, les baisers sur le crâne et les combats de Neil. Les Skull and Bones pratiquent également des rituels d'humiliation où l'on doit s'allonger dans un cercueil pendant que des initiés se masturbent en révélant leurs expériences sexuelles et leurs fantasmes les plus secrets. L'un des rituels pratiqués dans la tombe a été secrètement enregistré et filmé par un journaliste du nom de Ron Rosenbaum.

- L'insigne des Skull and Bones contient le nombre 322, qui, selon la croyance populaire, représente l'année de la mort de l'orateur grec Démosthène. Tout comme la dévotion des Skull and Bones au pouvoir politique, les monologues de Démosthène sont une manifestation importante de la brillance intellectuelle athénienne et offrent un aperçu de la politique et de la société. Cet ordre secret est axé sur le secret et l'ambition mondiale, et son emblème est un vœu de mort.

L'Ordre de la Rose-Croix - Société Secrète

High Council S.R.I.C.
Instituted: 1877 | Reconstituted: June 29, 1997
"Post 120 Annos Patebo"

- Au XVIIe siècle, un mouvement spirituel et culturel appelé l'Ordre de la Rose-Croix est apparu en Europe. Il s'agit d'un ordre ésotérique, car il est fondé sur d'anciens enseignements ésotériques. Les signes ésotériques de la nature et le monde spirituel ne sont que quelques-uns des sujets de connaissance cachés que le commun des mortels ignore. Des références à la Kabbale, à l'hermétisme, à l'alchimie et à la mystique chrétienne fournissent les informations nécessaires à cet ordre. Le Manifeste de la Rose-Croix comprend une philosophie et des sciences qui ont été gardées secrètes pendant de nombreuses années. Les Rose-Croix se sont inspirés des rituels maçonniques et, selon Robert Vanloo, la maçonnerie anglo-saxonne du début du XVIIe siècle a été fortement influencée par le rosicrucianisme. De nombreux alchimistes, spirites, magiciens noirs et occultistes composent l'ordre. Le Rite écossais ancien et accepté, l'Ordre cabalistique de la Rose-Croix et l'Aube dorée sont autant d'ordres apparentés qui ont eu un impact significatif sur un certain nombre de sociétés secrètes.

- La Croix Rose, qui est le symbole rosicrucien, est notamment le symbole qui a eu le plus d'impact sur la Golden Dawn hermétique. La « croix » provient du culte solaire, un emblème de l'Égypte ancienne faisant allusion à l'équateur céleste et à l'écliptique. En ce qui concerne l'œil et la pyramide, le deuxième signe rosicrucien s'inspire du symbolisme de l'Égypte ancienne, mais il est également surmonté de l'œil universel, exactement comme dans les symboles de la franc-maçonnerie et des Illuminati, ce qui ajoute à leur propre marque de symbolisme occulte.

Ordre des Jésuites - Société Secrète

- Le symbole rotatif, également composé de rayons et représentant le soleil, est le symbole de l'Ordre des Jésuites. Le « Soleil noir », une roue qui représente le symbolisme de Saturne, est interprété par l'image. Le monogramme IHS des Jésuites est une abréviation du nom grec Jésus : IHSOUS. D'autres prétendent qu'il s'agit d'un dérivé d'un symbole païen dédié aux dieux égyptiens du soleil.

- Le Soleil noir est l'équivalent de Saturne ; il est également connu sous le nom de « Sonnenrad », ce qui signifie « Roue du Soleil ». La Roue du Soleil est symbolisée par une roue à huit rayons, exactement comme Saturne. Le Soleil noir était autrefois représenté par la Svastika.

The Symbol of the Black Sun Adopted by the Thule Society, Contemporary German Federal Law Forbids it to be Displayed.

- Le Soleil noir est représenté de manière symbolique dans le monde entier pour rendre hommage à ce facteur de forces obscures. Dans l'occultisme et les traditions anciennes, Saturne est le « Soleil noir » et la planète prison des anges déchus tels que Lucifer.

- L'Allemagne nazie a déjà utilisé le symbole de la roue solaire. Actuellement (2023), les forces armées ukrainiennes adoptent cette symbologie et ce mouvement occultes. Le symbolisme est pertinent pour les adeptes du culte de Saturne et du paganisme. En théologie et en religion, le concept de Saturne est essentiel et a une influence importante sur les affaires mondiales. Dans les entreprises, les logos et les dessins, les élites mondiales païennes ou sataniques du monde entier adoptent le symbolisme saturnien.

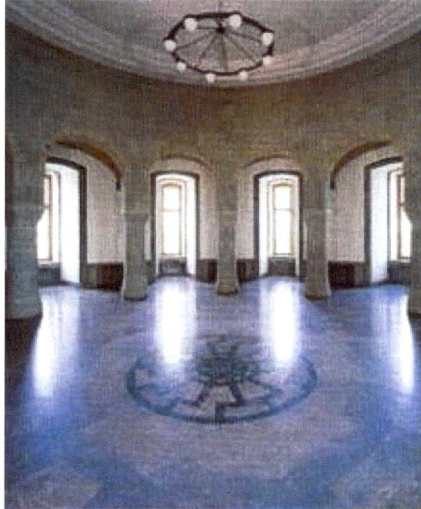

C'est ce même symbole qui ornait le sol de la salle des ordres du château SS de Wewelsburg. Heinrich Himmler est responsable de l'assassinat de plus de 12 millions de personnes considérées comme des ennemis par les nazis.

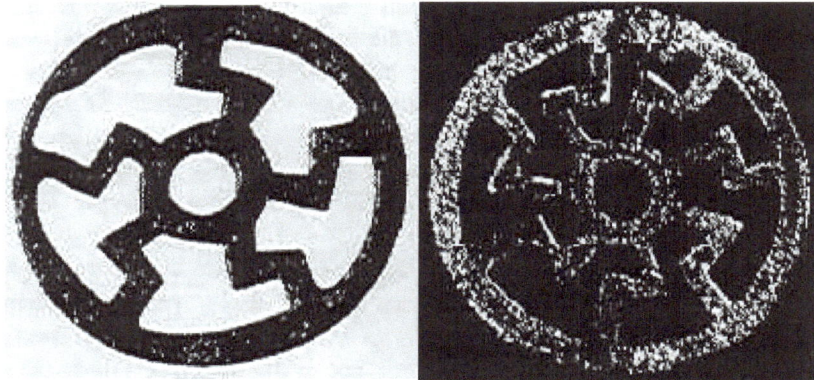

- **Image de gauche :** Broche décorative trouvée à Inzing, Innsbruck-Land, datée d'environ 400 apr. J.-C., d'après Hermann Wirth, Die heilige Urschrift der Menschheit, Leipzig 1936, BD. II, Bilderatlas, Tafel 42 (à l'époque conservé au Staatl. Museen Berlin).

- **Image de droite :** Broche décorative alémanique de l'âge de la migration, tirée de Hans-Joachim Diesner, Die Völkerwanderung, Gütersloh 1980, utilisée sur la couverture d'un livret de l'Art Gemeinschaft de 1982.

Franc-Maçonnerie - Société Secrète

L'œil qui voit tout est l'un des plus anciens hiéroglyphes. L'œil dans le triangle est également un signe cabalistique qui remonte à des temps très anciens. Les francs-maçons utilisent fréquemment l'œil dans leurs logos, ainsi que le pentagramme, le cube noir et l'hexagramme, tous utilisés pour leurs propriétés occultes.

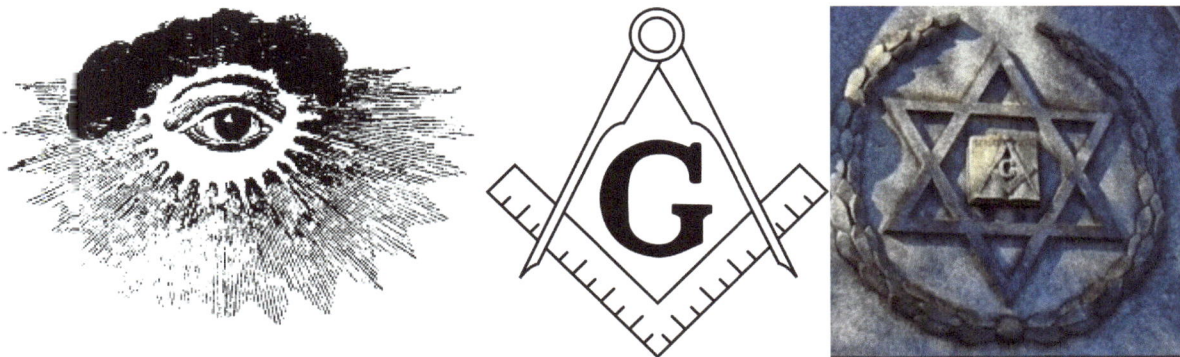

- Autour du centre de l'hexagramme se trouve un signe utilisé dans l'art royal de la franc-maçonnerie, l'équerre et le compas. L'image de l'étoile de David est un symbole païen ; il s'agit d'un hexagramme occulte à six branches qui représente également Saturne et qui est utilisé par de nombreux magiciens noirs pour leurs rituels. L'encyclopédie juive universelle indique que l'étoile à six branches était connue des anciens Égyptiens, en accord avec les Rosicruciens qui adoraient les étoiles. On sait que le culte du soleil et la vénération de Saturne, le second soleil, constituaient la majeure partie de la religion égyptienne antique.

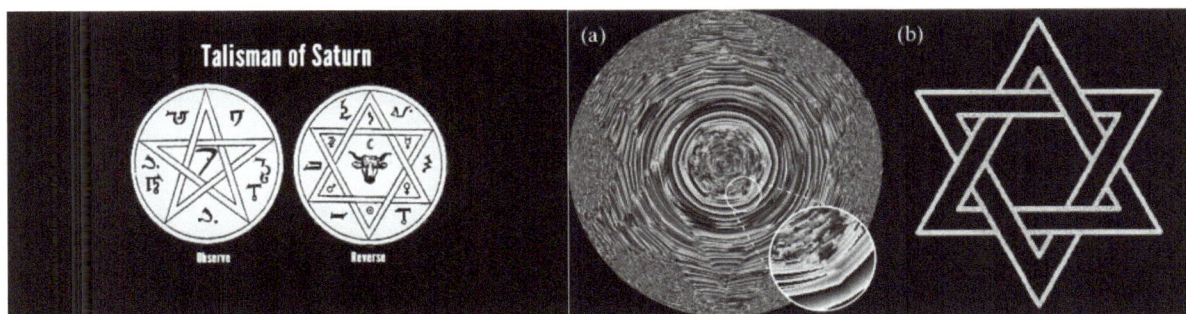

- Une étoile à six côtés, un cube ou un hexagramme sont les symboles de Saturne. L'hexagramme est utilisé comme géométrie sacrée dans les cérémonies de magie noire pour ses rites.

Fraternité Saturnienne (Fraternitas Saturni) - Société Secrète

- Eugen Gorsche et quatre autres personnes ont créé en 1926 les Fraternitas Saturni, un ordre magique en Allemagne. Il s'agit du groupe psychique le plus ancien d'Allemagne. « La loge s'intéresse à l'étude de l'ésotérisme, du mysticisme et de la magie au sens cosmique du terme » - Eugene Gorsche. Le groupe affirme n'avoir aucun objectif politique ou économique et compte 33 degrés, à l'instar de la franc-maçonnerie. La fraternité est essentiellement thélémique et accepte la loi de Thelema. L'organisation occulte a été fondée avant la Seconde Guerre mondiale et suit les enseignements d'Aleister Crowley plus que tout autre. Elle a été dissoute par les nazis en 1933, mais s'est réorganisée en 1945.

- La faucille et le signe de Saturne sont représentés dans son emblème. Le symbolisme de Saturne est souvent lié au culte satanique, aux rituels et à la sorcellerie. La faucille démontrée est une représentation de plusieurs divinités mythiques malveillantes, dont Satan, Moloch et Kronos. Dans la franc-maçonnerie, le marteau sert également de symbole, notamment pour le meurtre d'Hiram Abiff et sa résurrection d'entre les morts en tant qu'antéchrist et messie maçonnique.

O.T.O. - Ordre du Temple d'Orient - Société Secrète

- Les débuts de l'OTO, un groupe ésotérique occulte fondé en 1895. Cet ordre est lié aux occultistes allemands Carl Kellner, Heinrich Klein, Franz Hartmann et Theodor Reuss. L'occultiste anglais Aleister Crowley a joué un rôle important dans la création et la formation de l'OTO. Bien que régie par le Thelema de Crowley, la société a été conçue sur le modèle de la franc-maçonnerie. Les rituels d'initiation de l'OTO reposent sur un système comportant un certain nombre de cérémonies de remise de diplômes. L'Ecclesia Gnostica Catholica (EGC), souvent connue sous le nom d'Église catholique gnostique, fait partie de l'OTO. L'ordre est tristement célèbre pour avoir créé et exécuté de nombreux rituels sataniques de magie noire et compte parmi ses membres des scientifiques du projet Manhattan, Jack Parsons, un ingénieur américain de la NASA, et Ron Hubbard, un auteur et occultiste

- Le dessin est principalement influencé par l'iconographie égyptienne, avec une pyramide égyptienne qui émet de la lumière et un « œil de Râ » qui ressemble aux Illuminati. L'équateur céleste et l'écliptique forment une croix sous la colombe. La colombe au milieu représente l'enfant deux-en-un, mâle et femelle, la quintessence, l'unité, (et Tu es Cela), et « l'œil est le père et le Graal est la mère ».

L'Hexagramme Unicursal - Religion, Philosophie, Occultisme

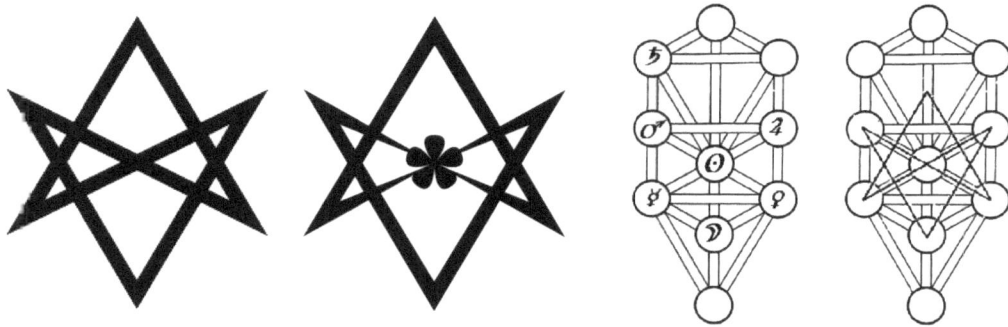

- L'hexagramme universel est apparu à la fin du XVIe siècle. L'hexagramme unicursal était connu de Blaise Pascal en 1639, tandis que Giordano Bruno l'a appliqué pour la première fois en tant que « figure de l'amour » en 1588.
- Le Thelema, fondé par Aleister Crowley, est symbolisé par l'hexagramme unicursal. L'image est un emblème de magie noire lié au mysticisme. Selon ce commandement, toute la loi consiste à « faire ce que tu veux ». Il s'agit d'un pentagramme qui représente les cinq éléments ainsi que les énergies célestes et cosmiques.
- Dans le cadre de la révision des rituels de l'hexagramme par Crowley, il est utilisé dans Thelema. L'hexagramme unicursal permet de symboliser le soleil. Il permet également de dessiner les hexagrammes planétaires en un seul mouvement continu.
- L'hexagramme unicursal était utilisé par la Golden Dawn pour représenter les quatre éléments qui proviennent de l'esprit et sont gouvernés par le Soleil et la Lune.
- Il représente non seulement la relation entre l'homme et la femme, mais aussi l'unité avec Dieu : « Comme en haut, ainsi en bas ». Il représente également les six Sephiroth de l'Arbre de Vie de Thelema. Selon certaines doctrines païennes, un hexagramme unicursal peut également être considéré comme une représentation du système solaire.
- A partir des principes de base de la Golden Dawn, qui sont utilisés pour créer ses hexagrammes planétaires, on peut construire un système symboliquement cohérent de rituels d'invocation et de bannissement.
- Les quatre éléments de base, les planètes classiques et la maxime « Comme en haut, ainsi en bas » sont tous représentés par cet hexagramme. La petite fleur au centre symbolise le mariage du microcosme et du macrocosme.

Chapitre 3.5 : Rituels et Sociétés Secrètes

Chapitre 3.5 : Rituels et Sociétés Secrètes

Introduction

Les rituels sont des actions qui sont effectuées lors de cérémonies. Des groupes tels que les religions, les sociétés secrètes et les cultes ont participé activement à des rituels tout au long de l'histoire. Les serments d'allégeance, les rites de passage, la loyauté et d'autres procédures font tous partie des rituels, qui sont utilisés pour vénérer les rites et les sacrements des religions et des cultes organisés. Ils sont tous contrôlés par un ensemble de règles, qui précisent la marche à suivre en cas de comportement inhabituel ou interdit. Les éléments du secret varient selon les groupes, qui utilisent leurs propres poignées de main, gestes, langage et symboles. Les religions à mystères de l'Égypte, de la Grèce et de la Rome antiques, qui comportaient des rites secrets, des initiations et des révélations de la sagesse antique, ont été les premières sociétés dont on ait des preuves historiques. Les enseignements de ces écoles de mystères ont été incorporés dans les sociétés secrètes contemporaines qui abritent certaines des personnes les plus importantes au monde. Les fraternités et sororités grecques ont longtemps été considérées comme une représentation de la vie universitaire. Plus de 80% des dirigeants des entreprises Fortune 500, 34 sénateurs américains et 40 juges de la Cour suprême des États-Unis étaient tous membres de groupes fraternels. Ces événements concordent-ils ? Et pourquoi est-ce un fait ?

L'existence même des sociétés secrètes a souvent suscité des antagonismes et des accusations d'immoralité, de subversion et d'hérésie. L'élite acquiert des connaissances à partir de ces enseignements ésotériques, ce qui lui permet de contrôler ses subordonnés et de conserver son pouvoir spirituel. Ces groupes fonctionnent comme un contrôle social, préservant l'éthique du groupe par un comportement occulte. Ils doivent accomplir des rituels malades et cruels afin de rester pertinents au sein de leur groupe et d'accomplir leurs vœux. Les rituels de sang sont pratiqués dans le monde entier depuis la nuit des temps, et de nombreux dirigeants sont membres de sociétés secrètes qui font appel aux démons du monde des esprits. Bien qu'il soit difficile de l'accepter, c'est la réalité.

Dans les sociétés secrètes les plus en vue, les rites angoissants qui se déroulent à huis clos ainsi que les sacrifices sataniques et cabalistiques acceptés pour l'initiation seront révélés.

Sororités et Fraternités Grecques

- Les fraternités et sororités grecques sont depuis longtemps considérées comme une représentation de la vie universitaire. Plus de 80 % des dirigeants des entreprises Fortune 500, plus de 34 sénateurs américains et 40 des 47 juges de la Cour suprême des États-Unis étaient tous membres de groupes fraternels.
- 25 % des membres de la Chambre des représentants des États-Unis et 40 % des membres du Sénat américain étaient membres de fraternités ou de sororités.

Comment et pourquoi la vie grecque est-elle devenue si importante sur les campus universitaires ? D'où vient cette culture ?

Origine des Fraternités et Sororités Grecques

Le pape Paul II, qui s'appelait Alessandro Farnese, a publié une bulle papale établissant la Compagnie de Jésus, souvent connue sous le nom de Jésuites, en tant qu'ordre militaire. Ignace de Loyola, qui devint le premier pape noir en 1539, est connu comme le supérieur général, le chef de l'ordre des Jésuites. Avant de devenir le pape noir, Adam Weishaupt était membre des Illuminati espagnols, les Alumbrados, qui ont précédé les Illuminati bavarois. L'objectif de Loyola, lorsqu'il travaillait pour la maison Farnèse, était d'infiltrer et de réformer les églises catholique et protestante. Les « Exercices spirituels », souvent connus sous le nom de « méthodes de prière de Loyola », sont encore utilisés aujourd'hui dans toutes les formations jésuites. Les exercices spirituels sont basés sur des techniques mystiques et hermétiques qui permettent la possession et le contrôle spirituels. La magie noire, connue sous le nom de magie hermétique, qui trouve son origine chez les anciens Égyptiens et qui est décrite dans le Livre des morts, est l'une de ces pratiques. Kosimo Medici, membre de la famille noble noire de la Maison de Médicis, a décidé de construire une bibliothèque à San Marco. Renée Dionju, descendante des Mérovingiens, traduit les écrits pythagoriciens de Platon et les livres de magie hermétique. Les cours de grec et d'égyptien des Jésuites, qui ont influencé la Renaissance italienne, ont été motivés par l'assortiment de Kosimo Medici.

Les Ratios to Studorium, un plan d'éducation jésuite qui normalisait l'éducation jésuite et servait de précurseur aux études libérales qui ont depuis été mises en œuvre dans tous les collèges et universités, a été publié en 1599 par les universitaires du Collège romain jésuite fondé par Loyola. Cent ans après leur fondation, les Jésuites dirigeaient plus de 700 écoles. L'enseignement des arts libéraux a été mis en place par les missionnaires jésuites lors de leurs voyages à travers le monde.

- Ce sont les Jésuites qui ont popularisé l'ancien philosophe Confucius et qui ont eu un impact significatif sur les Lumières chinoises. La science occidentale et l'astronomie ont été introduites en Chine par les missions jésuites.
- Luigi Fortis a été nommé pape noir en 1820. Il consacre son bref mandat à mettre en place le plan d'éducation des Jésuites dans les collèges du Canada, d'Europe et des États-Unis. En outre, la vie grecque fait son apparition en Amérique du Nord.

L'Intégration des Jésuites dans les Fraternités et les Enseignements Mystiques

- Tous les présidents et vice-présidents des États-Unis depuis 1825, à l'exception de deux d'entre eux, étaient des frères de fraternité. 19 présidents américains ont fréquenté l'Union College, une université privée de New York exclusivement masculine, qui a fondé Kappa Alpha, la première fraternité depuis 1795. Deux ans après la fondation de Kappa Alpha, Sigma Phi et Delta Phi ont également vu le jour. Elles s'appelaient elles-mêmes fraternités, ce qui est une traduction du terme latin « freighter », qui signifie « frère ».
- Les fraternités fondées par les Jésuites commencent à se répandre dans d'autres écoles La culture grecque a commencé à émerger aux États-Unis après la création de chapitres nationaux. Au Wesleyan College de Macon, en Géorgie, les deux premières sociétés secrètes féminines reconnues ont été créées en 1851. Elles s'appelaient Adelphian Society et Philomathean Society. Ces sociétés secrètes ne sont devenues les sororités Alpha Delta Pi et Phi Mu qu'en 1900. Le terme « sororité » vient du mot latin « soror », qui signifie « sœur ».

Aux États-Unis, il existe plusieurs sociétés secrètes d'élite collégiale qui se donnent beaucoup de mal pour garder secrets les détails de leur initiation et de leurs activités. Le FatHat Club, fondé en 1750 au College of William and Mary à Williamsburg, en Virginie, a été la première organisation secrète universitaire. Adam Weishaupt, fondateur des Illuminati de Bavière et érudit jésuite, a été loué par le président Thomas Jefferson, qui était membre du FatHead Club. Weishaupt a servi de visage au mouvement luciférien, tandis que la famille Farnese, une aristocratie obscure, lui apportait un soutien financier. La famille Farnèse a déplacé son siège à Washington, DC, et a ainsi élevé les Rothschild au rang d'éminents personnages.

- Les Jésuites soutiennent des idéologies d'extrême gauche, en particulier le marxisme, et il est plus qu'évident qu'ils ont pénétré l'Église catholique.

Cette famille est peut-être la plus puissante de la planète aujourd'hui. Dans le Latium, en Italie, la famille Farnèse a construit la forteresse de style Pentagone connue sous le nom de Via Caparola. La famille Farnèse a engagé Adam Weishaupt pour organiser les Illuminati et a déplacé le centre de pouvoir des Farnèse à Washington, DC, où ils ont construit leur deuxième pentagone et établi les Illuminati en tant que société secrète.

- Les pratiques alchimiques mystiques utilisées dans toutes les sociétés secrètes collégiales jésuites ont servi de base aux exercices spirituels enseignés par Loyola. L'expression « Circuli Crux Non-Orbis Prasant » signifie le diamètre de la sphère ; « Le tau du cercle et la croix de l'orbite ne profitent pas aux aveugles ». Cela indique que le grand public ne peut pas accéder à ces sujets ésotériques jésuites.

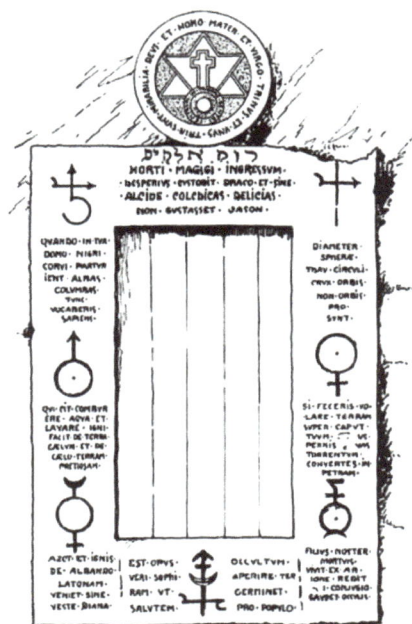

- La porte alchimique, également connue sous le nom de porte de l'alchimie ou de portail magique, existe toujours à Rome, dans l'ancienne maison de Massimiliano Palombara. Conçu au XVIe siècle, cet élément a des origines iconographiques égyptiennes.

Le chef du Squadrone Volante, le cardinal catholique Desio Azalini, chercha à rencontrer Palombara, un kabbaliste et mystique. Ces cardinaux libéraux ont découvert Palombara alors qu'ils étaient en quête de sagesse. Les Monita Secreta, également connues sous le nom d'Instructions secrètes de la Société des Jésuites, sont un guide machiavélique sur l'utilisation de la dissonance et de la tromperie à son avantage dans la quête de la richesse et de l'autorité. Certains suggèrent qu'il a été composé par l'ex-jésuite Jérôme Sahorsky, tandis que d'autres l'attribuent à Claudio Aquaviva. L'une des phrases les plus marquantes du manuel est la suivante : « Ceux qui ne nous aiment pas nous craindront ».

- Les Jésuites ont assassiné Abraham Lincoln, selon le prêtre catholique Charles Chennakey, qui l'a affirmé dans son autobiographie. Il pensait qu'il y avait un complot entre le Vatican et les Jésuites pour soumettre l'Amérique en y introduisant certains catholiques influents issus de familles de la noblesse noire. Finalement, il a déclaré que l'Église catholique était antichrétienne et païenne, et il est parti.

Rituels Franc-maçonniques - Société Secrète

Dans le monde entier, des sociétés secrètes se vantent de compter parmi leurs membres des monarques et des reines. Cependant, aucune de ces sociétés n'est autorisée à discuter des rituels qui se déroulent à huis clos dans les palais et les bâtiments gouvernementaux du monde entier. Les rituels sataniques de la franc-maçonnerie ont été pratiqués par plusieurs rois et reines de l'aristocratie européenne.

Les anciens enseignements mystiques de l'occultisme, de la sorcellerie, des religions anciennes et des rites sacrés sont intégrés dans les rituels maçonniques. Ils ont une connaissance de première main des principes de l'alchimie et ont tissé ces idées dans les fondements de leur propre culture et de leur propre forme. Par le biais de conférences et de pièces de théâtre métaphoriques, l'ensemble du système est communiqué aux initiés par le biais du rituel maçonnique. Les francs-maçons accomplissent leur travail de degré selon un script prédéterminé et une structure ritualisée, souvent de mémoire. Les francs-maçons de bas grade ignorent de nombreuses choses qui se déroulent dans les degrés supérieurs et secrets de la franc-maçonnerie. Au fur et à mesure que les degrés progressent, la franc-maçonnerie révèle ses vraies couleurs dans les degrés supérieurs. Les francs-maçons cachent généralement leur identité derrière des organisations philanthropiques et des informations publiques bien organisées qui sont perçues comme « normales » ou « bonnes » par le commun des mortels. Cependant, toute histoire a deux faces, et cette connaissance a été obtenue grâce à une enquête plus approfondie.

- Les rites cruels que les francs-maçons pratiquent dans le cadre de leurs grades sont présentés dans les sections suivantes. Il comprend des passages de publications maçonniques reconnues. Il contient des serments et des rituels initiatiques qui sont autorisés dans le cadre de sa doctrine. Toute personne soupçonnée de trahison se verra infliger de lourdes peines par l'élite royale :

Serments Maçonniques

Le serment maçonnique (obligation du compagnon maçon) : « Je _____, de mon plein gré, en présence de Dieu tout-puissant et de cette Vénérable Loge, érigée en son honneur et dédiée au saint Saint Jean, promets et jure solennellement et sincèrement de ne jamais divulguer aucun des secrets de la vie maçonnique, de ne jamais les cacher et de ne jamais les révéler. John, je promets et jure très solennellement et sincèrement de ne jamais dissimuler ni révéler aucun des secrets, arts, parties, points ou points du grade de Maître

Maçon, à quelque personne que ce soit, à moins qu'il ne s'agisse d'un véritable et légitime frère de ce grade, ou d'une Loge de Maîtres Maçons régulièrement constituée, ni à lui ou à eux, jusqu'à ce qu'ils soient soumis à une épreuve stricte, à un examen en bonne et due forme, ou à un examen légitime... Tout cela, je le promets et le jure très solennellement, sincèrement, ... sans aucune hésitation, moi-même, sous une peine non moins sévère.....coupé en deux, mes intestins enlevés de là et brûlés en cendres...... » **Écriture - Ritual of Freemasonry de Dunca**

Qu'est-ce qui fait qu'un franc-maçon est digne de confiance ? Ce sont leurs serments, et les enfreindre aura ces répercussions. Ils s'engagent à ne jamais divulguer de détails sur le grade de maître-maçon !

- Le capitaine William Morgan, franc-maçon désabusé, était basé à Batavia, dans l'État de New York. Il avait annoncé qu'il écrirait un livre révélant les rituels secrets de la franc-maçonnerie après avoir été exclu de la Brotherhood Lodge. Morgan disparut juste avant la sortie du livre en 1826, et trois francs-maçons furent finalement reconnus coupables d'enlèvement. Bien que certains aient prétendu que Morgan avait été tué, d'autres affirment qu'il a été contraint de quitter le pays. L'hostilité généralisée à l'égard des francs-maçons s'est développée aux États-Unis à la suite de cet événement. Son livre, publié au début du XVIIIe siècle, était précis par rapport aux autres publications maçonniques officielles.

Initiations au premier degré : « Je m'engage à ne pas subir de peine moindre que celle de me faire trancher la gorge, arracher la langue par les racines et enterrer mon corps dans les sables de la mer à la laisse de basse mer, là où la marée monte et descend deux fois en vingt-quatre heures ; que Dieu me vienne en aide » **- Richardson's Monitor of Freemasonry**

- **Une publication maçonnique légitime pour la formulation des rituels. Il s'agit des sanctions que les francs-maçons jurent d'appliquer et que les loges ont l'autorité pénale d'exécuter.**

Richardson's Monitor of Freemasonry (page 21) : - « Je m'engage à subir une peine aussi sévère que celle de me faire déchirer le sein gauche, d'en retirer mon cœur et mes organes vitaux, de les jeter sur mon épaule gauche et de les transporter dans la vallée de Jéhosaphat, où ils deviendront la proie des bêtes sauvages des champs et des vautours du ciel, si je viole délibérément ou transgresse quelque partie que ce soit de ce serment solennel ou de cette obligation d'un compagnon artisan maçon. »

- **Dans ce degré, il est indiqué de se faire disséquer tout le corps - Richardson's Monitor of Freemasonry**

Richardson's Monitor of Freemasonry (Moniteur de la franc-maçonnerie) : « L'obligation de ce degré est maintenant administrée. Le candidat s'agenouille devant l'autel et promet d'obéir aux mandats et aux décrets du Grand Conseil des Princes de Jérusalem, sous peine de voir son corps disséqué, ses entrailles et ses organes vitaux retirés, son cœur coupé en morceaux et le tout jeté en pâture aux bêtes sauvages des champs. »

- Tout cela est fait pour protéger les riches, les puissants et les célèbres ! D'autres sont capables de progresser dans les degrés supérieurs et secrets de la franc-maçonnerie grâce à des liens familiaux et à des connexions. En ce qui concerne les degrés allégoriques, le troisième degré est le plus élevé et certains degrés sont réservés aux hommes ordinaires. Les degrés supplémentaires sont complémentaires et facultatifs. Une fois qu'on a atteint un certain niveau, on peut adhérer à d'autres clubs, fraternités et autres sous-groupes de la franc-maçonnerie.

- **Dans le degré des Templiers, la sanction est de se faire couper la tête.**

Richardson's Monitor of Freemasonry : « sous peine de voir ma tête tranchée et placée sur la plus haute flèche de Constendom..... ».

- **Cette exécution s'applique à tous les domaines de l'industrie, ce qui est fait pour ruiner la reputation d'une personne par des homologues francs-maçons.**

Richardson's Monitor of Freemasonry : « .... et ce en le désignant au monde comme un vagabond indigne ; en s'opposant à ses intérêts, en nuisant à ses affaires en transférant son caractère après lui où qu'il aille, et en l'exposant au mépris de toute la fraternité et du monde... »

- Combien d'individus au sein de la fraternité pensez-vous qu'ils ont menacé et ruiné afin de protéger l'ordre ? Peut-être des centaines, ils ont aussi le pouvoir d'exécuter.

Encyclopédie de la franc-maçonnerie, sous « MANDAT » : - Les ordres et les décrets d'une Grande Loge sont appelés mandats, et l'obéissance implicite à ces ordres et décrets est une obligation maçonnique.

- **La loge Phoenix de la franc-maçonnerie a déclaré qu'elle avait le droit de tuer (phoenixmasonry.org).**

La Franc-Maçonnerie de Phoenix : « Une loge a le droit de faire tout le travail de l'Ancient Craft Masonry, d'élire et d'installer ses officiers, d'augmenter son nombre au sein d'une loge sans son consentement, d'établir des règlements pour ses gouvernements de façon permanente, de prélever des impôts sur ses membres, de faire appel à la Grande Loge et d'exercer l'autorité pénale sur ses propres membres... »

- Ils ont le droit d'exercer des sanctions sur leurs membres. Le respect du serment de secret est une exigence stricte et, par conséquent, il ne s'agit pas d'un symbole ou d'une représentation du serment. Dans le domaine des sociétés secrètes, ces vœux et ces règlements ne sont pas inconnus ; c'est à eux que le monde doit faire face et c'est ce qui nous attend tous. Les francs-maçons considèrent le grand public comme vulgaire et profane. Gardez à l'esprit qu'il s'agit des mêmes serments que ceux prêtés par de nombreux dirigeants et membres éminents de la société. Imaginez maintenant ce qu'ils cachent au reste de l'humanité et qui ils servent, car vous n'êtes certainement pas l'un d'entre eux. Ils ont leur propre monde dans lequel ils vivent et qui est une sous-partie du franc-maçon typique. Les hommes importants de la société utilisent les sociétés secrètes comme réserve de relations qu'ils peuvent utiliser pour leurs ambitions et servir un seul but et un seul agenda. Si certains décident de s'intégrer davantage dans le monde occulte, d'autres restent à l'écart, mais ils sont toujours impliqués d'une manière ou d'une autre. Il y a indéniablement plus d'expériences et de choses qui dépassent les imaginations dans les cérémonies que vous verrez.

Richardson's Monitor of Freemasonry - Serment d'Allégeance et Sanctions (1 & 2)

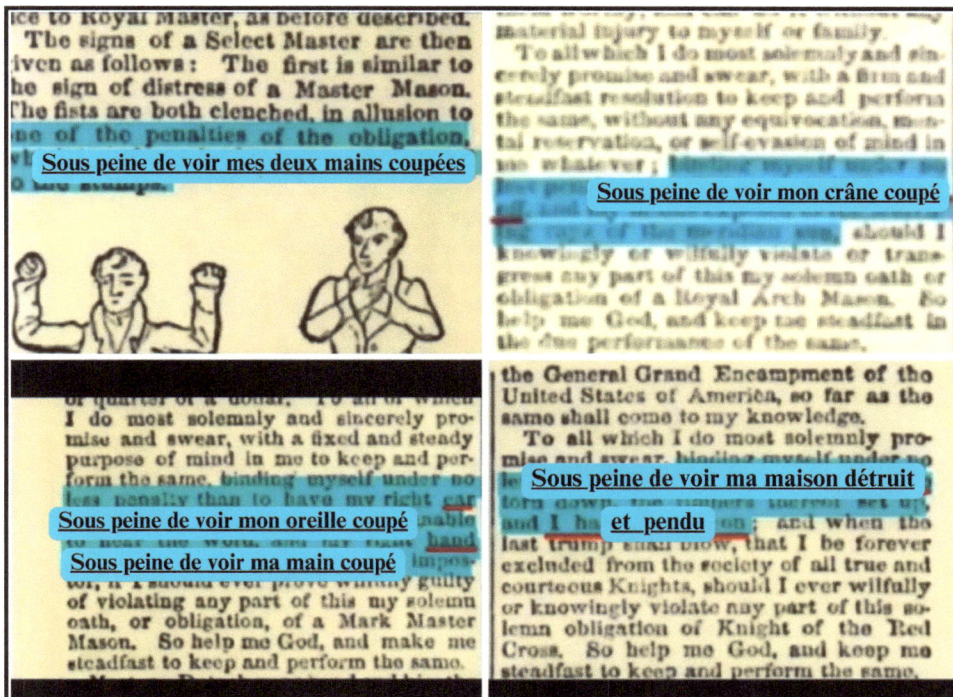

Figure 1 & 2

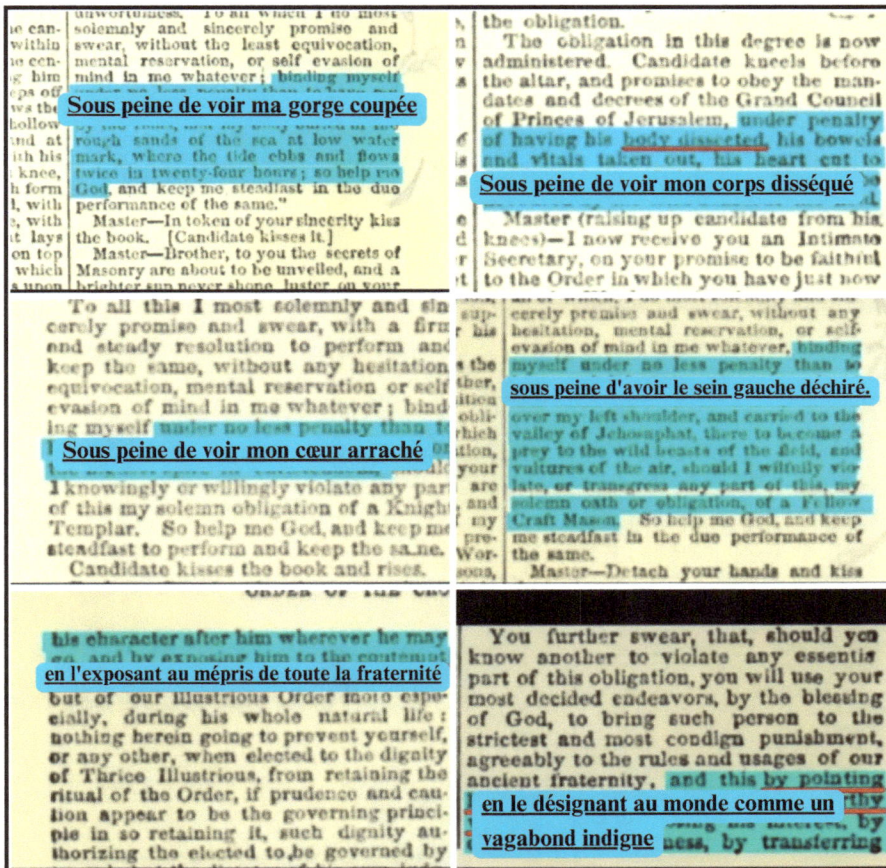

Richardson's Monitor of Freemasonry / Ency. - Serment d'Allégeance et Sanctions (3 & 4)

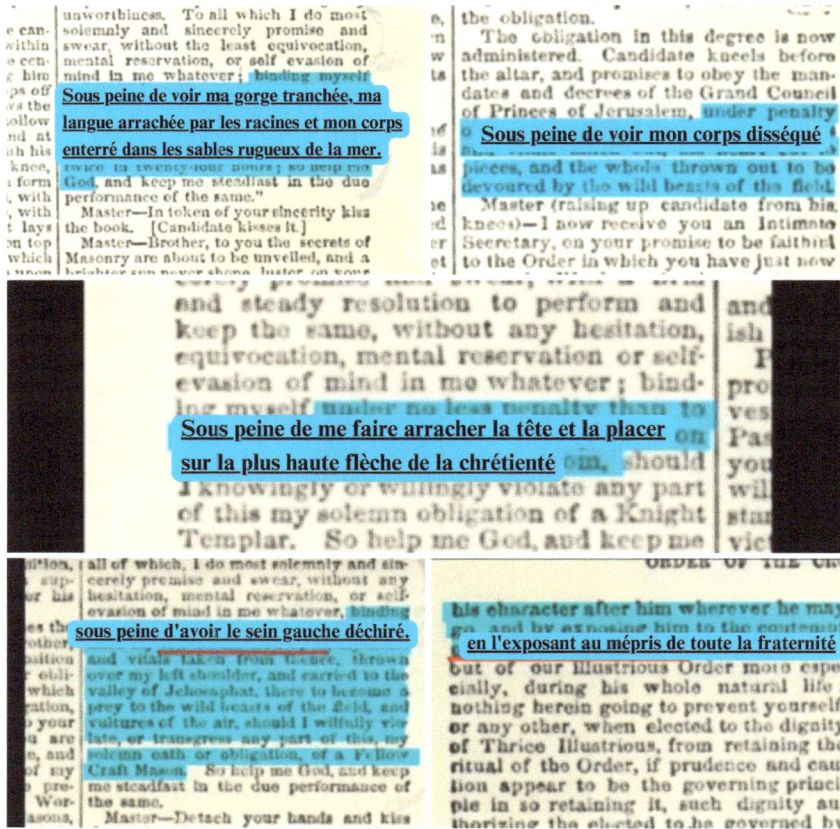

Figure 3 & 4

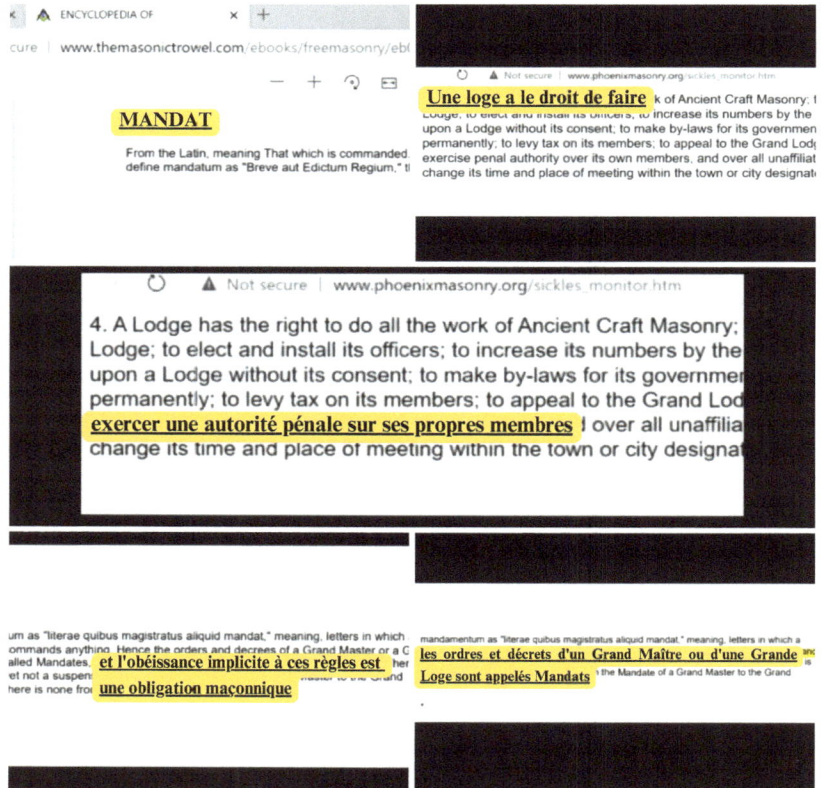

commands. If you are disposed, I am sure she is ready in your heart, and you must feel an emotion that was unknown to you before. This being the case, you must hope that she will not be long to manifest herself to you. mais veillez à ne pas souiller le sanctuaire par un esprit de curiosité, et prenez garde de ne pas augmenter le nombre des gens vulgaires et profanes. re for so long a time ill- ces vérités étaient cachées au commun des mortels comme par un a voile, et les Mystères étaient transportés dans tous les pays. without disturbing the popular beliefs, truth, the arts, and the sciences might be known to those who were capable of understanding them, and maintaining the true doctrine incorrupt; which the people, prone to superstition and idolatry, have in no age been able to do; nor, as many strange aberrations and superstitions of the present day prove, any more now than heretofore. For we need but point to the doctrines of so many sects that degrade the Creator to the rank, and assign to Him the passions of humanity, to prove that now, as always, the old truths must be committed to a few, or they will be overlaid with fiction and error, and irretrievably lost.

To them, all the lights of the firmament were created only to give light to the earth, as its lamps or candles hung above it. The earth was supposed to be the only inhabited portion of the Universe. The world and the universe were synonymous terms. Of the immense size and distance of the heavenly bodies, men had no conception. The Sages had, in Chaldæa, Egypt, India, China, and Persia; and les sages ont toujours eu un credo ésotérique, enseigné uniquement dans les mystères et inconnu du vulgaire. Sage in either country, or in Greece or Rome, believed the popular creed. To them the Gods and the Idols of the Gods were symbols, and symbols of great and mysterious truths.

"A Spirit," he said, "that loves wisdom and contemplates the Truth close at hand, is forced to disguise it, to induce the multitudes to accept it. . . . . Fictions are necessary to the people, and the Truth becomes deadly to those who are not strong enough to contemplate it in all its brilliance. If the sacerdotal laws allowed the reservation of judgments and the allegory of words, I would accept the proposed dignity on condition that I might be a philosopher at home, and abroad a narrator of apologues and parables. . . . In fact, what can there be in common between the vile multitude and sublime wisdom? la vérité doit être gardée secrète et les masses ont besoin d'un enseignement proportionné à leur raison imparfaite reason."

Pythagoras, ever thirsty for learning, consented even to be circumcised, in order to become one of the Initiates: and the occult sciences were revealed to him in the innermost part of the sanctuary.

The Initiates in a particular science, having been instructed by fables, enigmas, allegories, and hieroglyphics, wrote mysteriously whenever in their works they touched the subject of the Mysteries, and continued to conceal science under a veil of fictions.

When the destruction by Cambyses of many cities, and the ruin of nearly all Egypt, in the year 528 before our era, dispersed most of the Priests into Greece and elsewhere, they bore with them their sciences, which they continued to teach enigmatically, that is to say, ever enveloped in the obscurities of fables and hieroglyphics; to the le troupeau vulgaire, voyant, pourrait ne rien voir ing, and hearing, might comprehend nothing. All the writers

Pythagoras, ever thirsty for learning, consented even to be circumcised, in order to become one of the Initiates: and the occult sciences were revealed to him in the innermost part of the sanctuary.

The Initiates in a particular science, having been instructed by fables, enigmas, allegories, and hieroglyphics, wrote mysteriously whenever in their works they touched the subject of the Mysteries, and continued to conceal science under a veil of fictions.

When the destruction by Cambyses of many cities, and the ruin of nearly all Egypt, in the year 528 before our era, dispersed most of the Priests into Greece and elsewhere, they bore with them their sciences, which they continued to teach enigmatically, that is to say, ever enveloped in the obscurities of fables and hieroglyphics; to the en le troupeau vulgaire, en voyant, ne verrait rien, et en entendant ne comprendrait rien d nothing. All the writers

Figure 4 & 5

Voici un extrait de ce livre de rituel : **Scottish Rite Masonry Illustrated - The Complete Ritual - Ancient and Accepted Scottish Rite, Profusely Illustrated by a Sovereign Grand Commander 33°.**

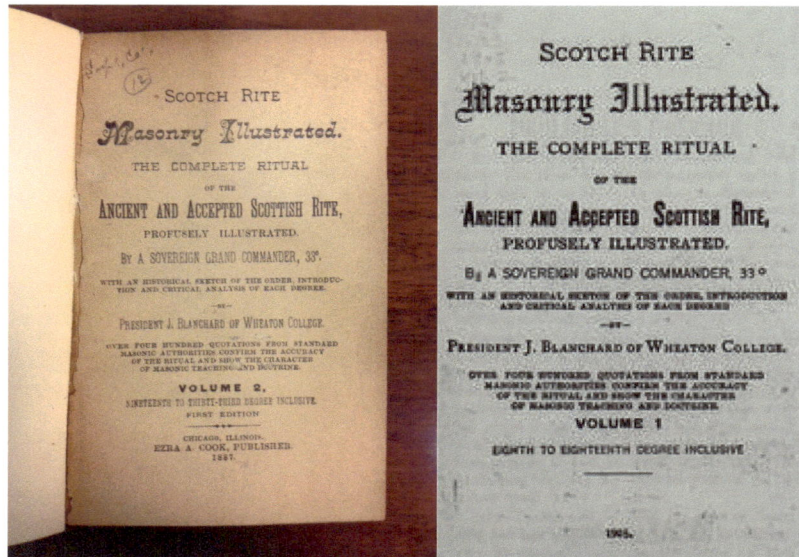

- **Lors de l'initiation au 33ème degré, le Maçon boit du vin dans un crâne humain !** Ce rituel est effectué pour permettre à quelqu'un de quitter la franc-maçonnerie. Ils initient des rituels en entrant ou en sortant de l'ordre secret. De quel crâne s'agit-il ?
- L'utilisation d'un crâne humain comme coupe à boire lors d'un rituel ou comme trophée est rapportée dans de nombreuses sources à travers l'histoire. Les crânes humains ont été utilisés comme récipients à boire dans des temps reculés. Il s'agissait d'une pratique rituelle dans plusieurs civilisations, souvent liée au culte des ancêtres ou à la conviction que le crâne possédait des pouvoirs spéciaux. Selon la culture et l'époque, différentes techniques ont été utilisées pour transformer un crâne en coupe. Le crâne pouvait parfois être nettoyé avant d'être orné de motifs complexes. Les Scythes, selon les Histoires d'Hérodote et les Geographica de Strabon, transformaient les crânes de leurs ennemis en récipients à boire.

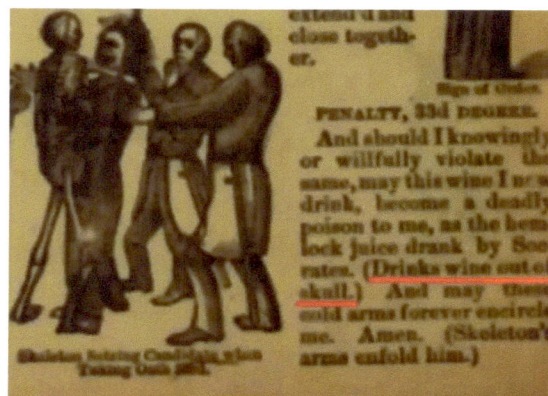

- **Au 30e degré, une partie du rituel consiste à poignarder des crânes !**

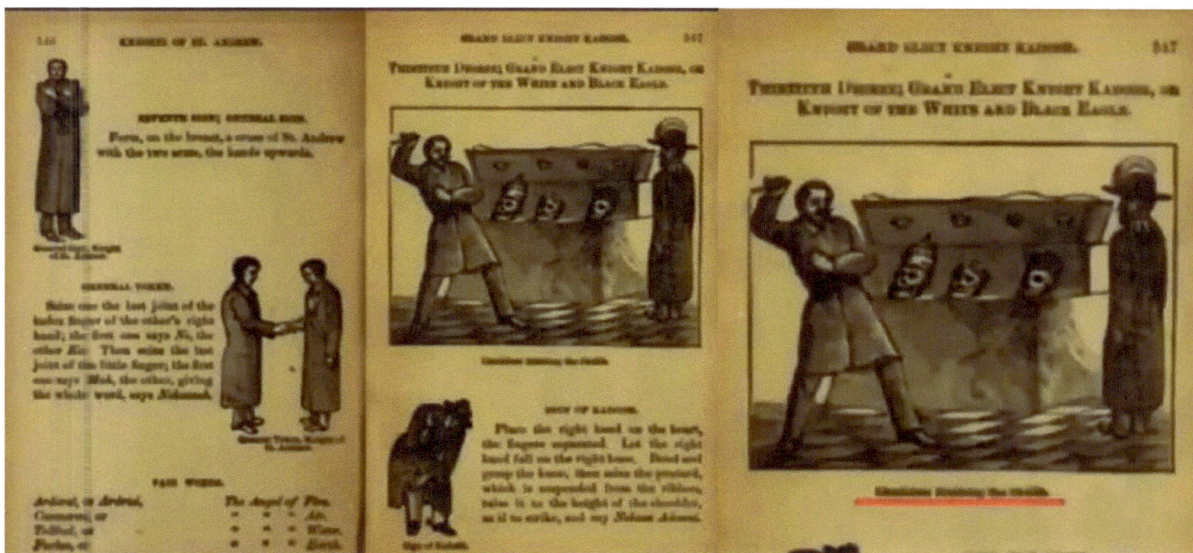

- **Les candidats participent à des rituels de sacrifice simulés appelés « poignardage de crânes » pour démontrer leur pouvoir sur l'esprit.**

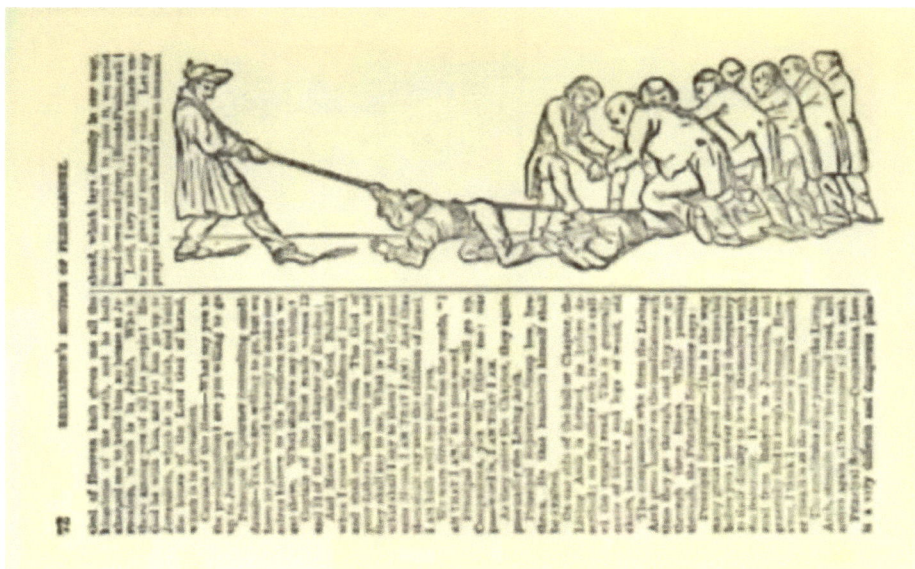

- De nombreux « rituels homosexuels » incluant la « sodomie » ont lieu dans le but d'amener la personne à perdre ses émotions et sa moralité et à se soumettre à leurs maîtres. Il s'agit d'un effondrement psychique destiné à démoraliser la personne et à réduire davantage l'initié à l'infériorité. Les sociétés secrètes, dont la franc-maçonnerie, utilisent des rituels de sodomie parce qu'elles pensent qu'en détruisant l'ego, elles obtiennent également la force vitale et l'esprit des maîtres qui les sodomisent. Les rituels de sodomie sont importants dans les sociétés secrètes parce qu'ils contrôlent spirituellement la psyché et rendent les candidats

- Il y a eu de nombreux homosexuels intelligents, innovateurs et génies au cours de l'histoire, notamment Isaac Newton, Sir Francis Bacon, franc-maçon et rosicrucien, et Albert Einstein, qui était franc-maçon, défenseur des droits des homosexuels et qui aurait eu un amant homosexuel. Parmi les autres francs-maçons notables, citons Federick le Grand, George Washington, Carver, Alan Turing et bien d'autres encore. Nombreux sont ceux qui prétendent que Shakespeare a fondé la franc-maçonnerie et qu'il a participé à la maçonnerie spéculative pendant la période (1564-1616) où il opérait principalement en secret au sein d'un groupe connu sous le nom de « The Acception ». La bisexualité de Shakespeare était bien connue tout au long de sa vie. On sait que les Grecs anciens pratiquaient des rituels de sodomie, et des récits plus récents montrent qu'Aleister Crowley a écrit sur la pratique de rituels de sodomie.

- **Diplôme de Maître-Maçon**

Preparation of Candidate in Master Masons Degree.

Candidate taking Master Mason's Obligation.

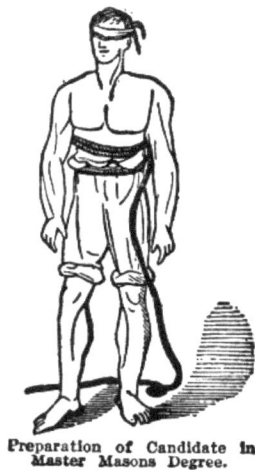

Un candidat qui veut passer au degré suivant doit être humilié et intimidé. Il doit être traîné au bout d'une corde, comme un animal impitoyable, tout en mendiant. C'est ce que nos politiciens, artistes et autres célébrités ont fait et font encore. Pire encore, ils pratiquent des rituels d'humiliation au vu et au su de tous. Avant de révéler la véritable nature de la société, les membres doivent s'engager dans de tels rituels qui les lient plus étroitement à l'ordre. L'« art royal » de la franc-maçonnerie : pourquoi ? La magie noire et la sorcellerie étant considérées comme un « art royal », les francs-maçons s'adonnent à ces pratiques.

L'Art Royal de la Franc-maçonnerie

L'histoire de la magie noire : « la science des anciens mages ; elle est encore la science exacte et absolue de la nature et de ses lois, parce qu'elle est la science de l'équilibre. Son secret, le secret de la science occulte, est celui de la toute-puissance de Dieu. Elle comprend tout ce qu'il y a de plus certain dans la philosophie, tout ce qu'il y a d'éternel et d'infaillible dans la religion. C'est l'art sacerdotal et l'art royal ».

Encyclopédie des religions américaines : « Le secret est renforcé par un système d'initiations et de degrés Les nouveaux membres, après une période probatoire, reçoivent une initiation de base. Certains groupes n'ont qu'une seule initiation, d'autres peuvent en avoir trois, dix, vingt-trois, voire plus. L'imitation à chaque degré supérieur donne accès à une plus grande quantité de matériel secret et présuppose une compétence accrue dans les arts magiques ».

Encyclopédie des religions américaines : « Le matériel qui est gardé secret est la connaissance magique du groupe. Ce savoir peut consister en des rituels, diverses incantations, des enseignements métaphysiques et des formules magiques plus puissantes. Il y a aussi les secrets particuliers du groupe, comme les noms magiques des membres ».

- Le luciférianisme, comme ils préfèrent l'appeler, est fondamentalement basé sur la pratique de la sorcellerie et de la magie noire. Comme je l'ai expliqué précédemment, les symboles des sociétés secrètes illustrées sont tous des symboles occultes de magie noire.

- Une autre société secrète connue sous le nom de « Templiers », qui a été interdite et dont certains membres ont été exécutés pour avoir glorifié le mal, adorait la divinité de Baphomet. La Bible satanique l'affirme ouvertement ci-dessous :

LES NOMS INFERNAUX

Abaddon — *(Hebrew)* the destroyer
Adramelech — Samarian devil
Ahpuch — Mayan devil
Ahriman — Mazdean devil
Amon — Egyptian ram-headed god of life and reproduction
Apollyon — Greek synonym for Satan, the arch fiend
Asmodeus — Hebrew devil of sensuality and luxury, originally "creature of judgement"
Astaroth — Phoenician goddess of lasciviousness, equivalent of Babylonian Ishtar
Azazel — *(Hebrew)* taught man to make weapons of war, introduced cosmetics
Baalberith — Canaanite Lord of the covenant who was later made a devil
Balaam — Hebrew Devil of avarice and greed
Baphomet - vénéré par les templiers comme symbole de Satan.
Bast — Egyptian goddess of pleasure represented by the cat
Beelzebub — *(Hebrew)* Lord of the Flies, taken from symbolism of the scarab
Behemoth — Hebrew personification of Satan in the form of an elephant **Beherit** — Syriac name for Satan

- Les Templiers modernes sont des membres de la franc-maçonnerie à des niveaux élevés. La franc-maçonnerie a reçu une partie des connaissances ésotériques et des informations concernant la magie noire par l'intermédiaire des Templiers.

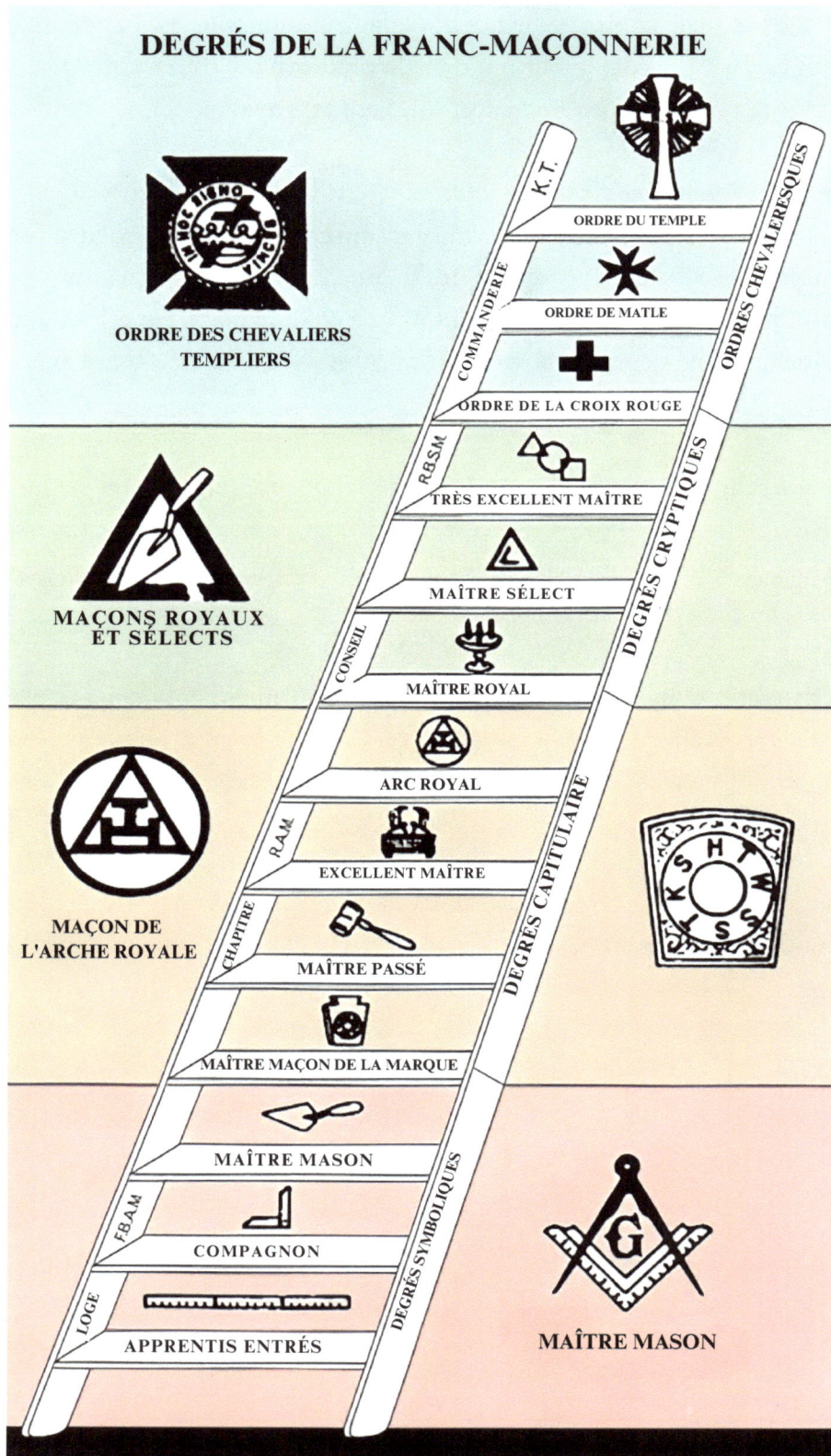

DEGRÉS DE LA FRANC-MAÇONNERIE

L'Encyclopédie des Religions Américaines : « l'impact continu de la franc-maçonnerie spécu_ative a fourni un sol fertile dans lequel de nouveaux ordres magiques ont pu se développer ».

Cela implique que la franc-maçonnerie, étant la voie la plus prestigieuse, est le lieu où les ordres magiques d'autres organisations secrètes sont nés et se sont répandus. Tous les francs-maçons se réunissent en secret dans des loges magiques, comme le montre ci-dessous le pentagramme sur le sol noir et blanc du temple maçonnique :

- De la fin du XVIIIe siècle au début du XIXe siècle, les rituels et les punitions de la franc-maçonnerie incluaient la torture, la décapitation et la pendaison comme punitions maçonniques.
- Pour faire respecter les promesses sacrées faites par ceux qui rejoignent les loges maçonniques, la franc-maçonnerie a historiquement établi de telles sanctions. Vous ne verrez jamais un franc-maçon porter un tablier maçonnique qui exige la « décapitation » et l'ablation de la « langue ».

Pentagramme - Significations Symboliques et Occultes

1. **Satan, le bouc du sabbat :** Albert Pike, le Souverain Grand Commandeur de la Franc-maçonnerie internationale, a été influencé par les idées du sataniste du XIXe siècle Eliphas Levi. Selon Levi, le pentagramme avec deux cornes en l'air représente Satan ou le bouc du sabbat. Naturellement, la corne dirigée vers le bas est une représentation du diable, de la subversion intellectuelle, du désordre et de la folie.

- Dans la terminologie ésotérique, l'étoile représente l'homme en tant qu'incarnation du cosmos et du divin. Elle fait également référence à « Sirius » ou à « l'étoile du chien » comme étant le lieu de résidence de Satan. L'étoile représente à la fois « Thor », l'ancien dieu nordique, et « Baal », un dieu malfaisant souvent critiqué dans l'Ancien Testament. Les enfants d'Israël ont été hypnotisés par le même dieu-étoile qui était adoré en Égypte lorsqu'ils étaient perdus dans le désert. Il était connu sous les noms de Moloch, Chiun et Remphan.

- "Mais vous avez porté le tabernacle de votre Moloch et Chiun, vos images, l'étoile de votre Dieu, que vous vous étiez fabriquée. **(Amos 5:20)**

2. "Cette figure (le pentagramme) est le symbole traditionnel des arts magiques, et signifie les cinq propriétés du Grand Agent Magique, les cinq sens de l'homme, les cinq éléments de la nature, les cinq extrémités du corps humain. Grâce au pentagramme qui se trouve dans son âme, l'homme peut non seulement maîtriser et gouverner toutes les créatures qui lui sont inférieures, mais aussi exiger des égards de la part de celles qui lui sont supérieures. Le pentagramme est largement utilisé en magie noire, mais lorsqu'il est utilisé, sa forme diffère toujours de l'une des trois façons suivantes : L'étoile peut être brisée en un point en empêchant les lignes convergentes de se toucher ; elle peut être inversée en ayant une pointe vers le bas et deux vers le haut ; ou elle peut être déformée en ayant des pointes de longueurs différentes. Lorsqu'il est utilisé en magie noire, le pentagramme est appelé le « signe du sabot fendu » ou l'empreinte du Diable. L'étoile à deux pointes vers le haut est également appelée « Chèvre de Mendès », car l'étoile inversée a la même forme qu'une tête de chèvre. Lorsque l'étoile droite tourne et que la pointe supérieure tombe en bas, cela signifie la chute de l'Étoile du Matin » **- Manly P. Hall**

1. "Les francs-maçons des États-Unis l'ont, par consentement tacite, désigné (le pentagramme) comme symbole des cinq points de la fraternité. Les contours de l'étoile à cinq branches sont les mêmes que ceux du pentalpha ou de Pythagore » (**Encyclopédie de la franc-maçonnerie : 358**)

2. « Chaque homme et chaque femme est une étoile » - **Aleister Crowley Le Livre de la Loi**

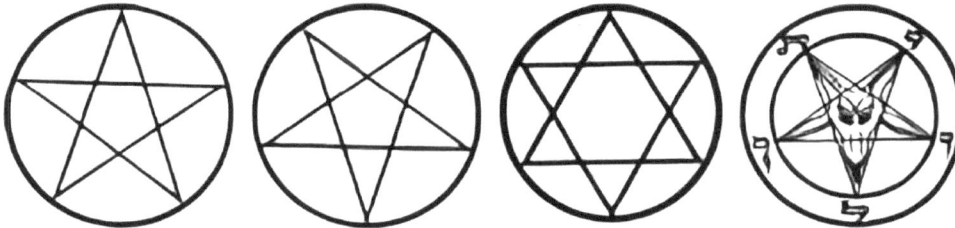

3. L Étoile Flamboyante : Les francs-maçons appellent l'emblème de l'étoile « l'étoile flamboyante » en raison de la vénération qu'ils portent au soleil. Steve Worrall-Clare, un ancien franc-maçon, écrit que dans la Loge : (Le langage secret) "L'étoile flamboyante souligne la gloire du Soleil. Il est au centre de toutes les entreprises maçonniques, car il éclaire la Terre et, par son influence bienveillante, dispense ses bénédictions à l'humanité... On le trouve au 28e degré et c'est le symbole de la vérité. On le trouve au 4e degré comme symbole de la lumière et au 9e degré comme symbole de la providence divine. Il est parfois symboliquement installé comme la lettre « G »... C'est une porte, une entrée vers la connaissance... ».

4. Talisman : "Un autre joyau vous est nécessaire et, dans certaines entreprises, on ne peut s'en passer. Il s'agit de ce que l'on appelle le pantacle kabbalistique (pentagramme)... Il porte en lui le pouvoir de commander aux esprits des éléments. Il faut que tu saches t'en servir ». **29.3 Chapitre XXVIII. Chevalier du Soleil ou Prince Adepte (Albert Pike - Morals and Dogma)** En résumé, Pike conseille d'utiliser l'étoile comme moyen d'invoquer les démons et de leur faire accomplir des actes magiques.

5. Étoile de David : Les sorcières et les occultistes de tous horizons considèrent l'étoile à six branches, également connue sous le nom de Sceau de Salomon, de Magen David des Juifs ou d'hexagramme, comme un puissant instrument de sorcellerie et de magie.

- On peut utiliser l'hexagramme magique pour jeter des sorts, maudire autrui et faire d'autres dégâts.

- La dynastie Rothschild a utilisé cette étoile comme un outil magique et a joué un rôle crucial pour convaincre le nouvel État sioniste d'Israël d'adopter l'étoile à six branches comme drapeau. C'est le drapeau national d'Israël.

- En raison de ses connotations sexuelles subliminales, les Illuministes, les cabalistes et les francs-maçons ont également intelligemment choisi l'étoile à six branches comme symbole. Elle se compose de deux triangles qui ont été fusionnés et placés l'un sur l'autre. Le phallus masculin est symbolisé par le triangle pointé vers le haut, tandis que le triangle pointé vers le bas (Delta) représente le vagin féminin. Les deux triangles sont joints, ou jumelés, pour signifier l'acte sexuel génératif.

6. Les Étoiles des Illuminati à Travers le Monde : Pour intégrer leurs talismans stellaires dans la culture populaire mondiale, les Illuminati ont habilement construit des bâtiments et des œuvres d'art sur toute la surface de la planète.

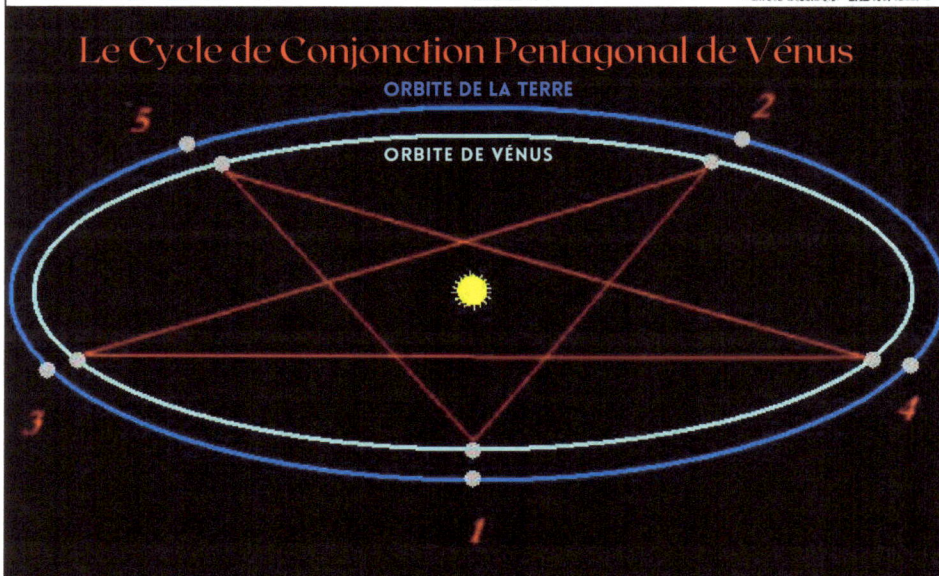

- Cette image a été illustrée dans le « Richardson's Monitor of Freemasonry » qui est une littérature maçonnique officielle, écrite uniquement pour les maçons.

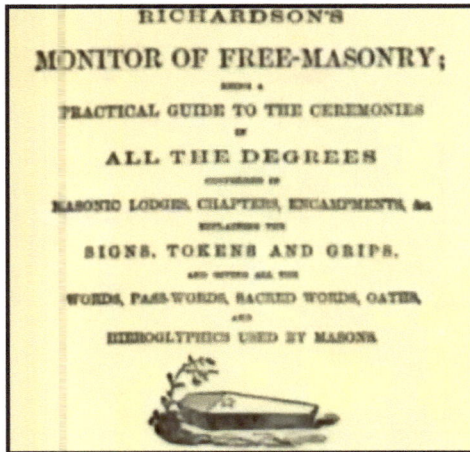

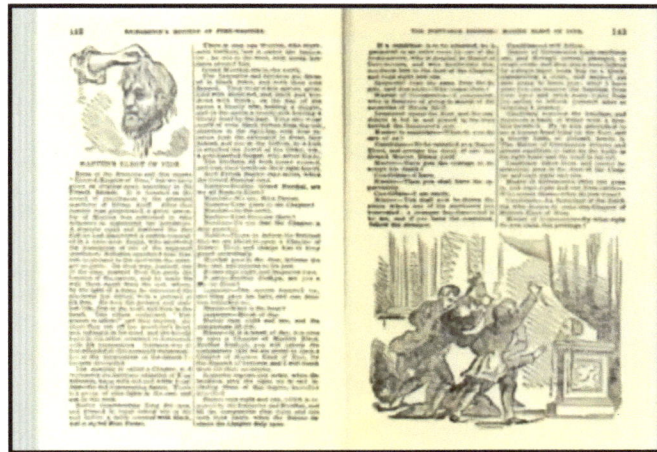

- Dans le Richardson's Monitor of Freemasonry, à la page 142 - Masters Elect of Nine, une illustration montre une tête qui a été coupée d'un corps.

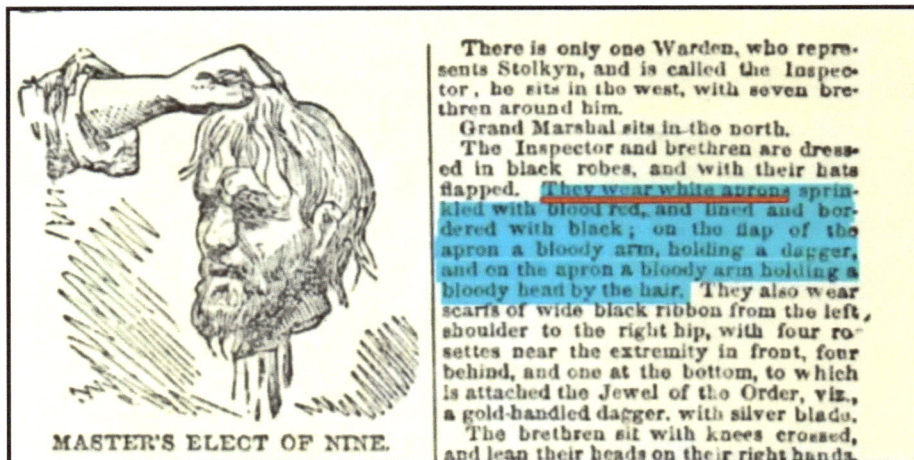

- « Ils portent des tabliers blancs saupoudrés de rouge sang, doublés et bordés de noir ; sur le rabat du tablier, un bras ensanglanté tenant un poignard, et sur le tablier, un bras ensanglanté tenant une tête ensanglantée par les cheveux. »

Voyez-vous maintenant l'esprit sanguinaire qui se cache derrière la franc-maçonnerie ? Des sacrifices de sang et des sacrifices humains dans le cadre de rituels ? Combien de personnes occupant des postes de pouvoir ont pratiqué ces rites ou des rituels de cette envergure ? Beaucoup, et c'est la motivation diabolique qui sous-tend tout.

C'est pourquoi il y a une illustration d'une tête décapitée. **Pendant ce rituel, à la page 143 du Richardson's Monitor of Freemasonry :**

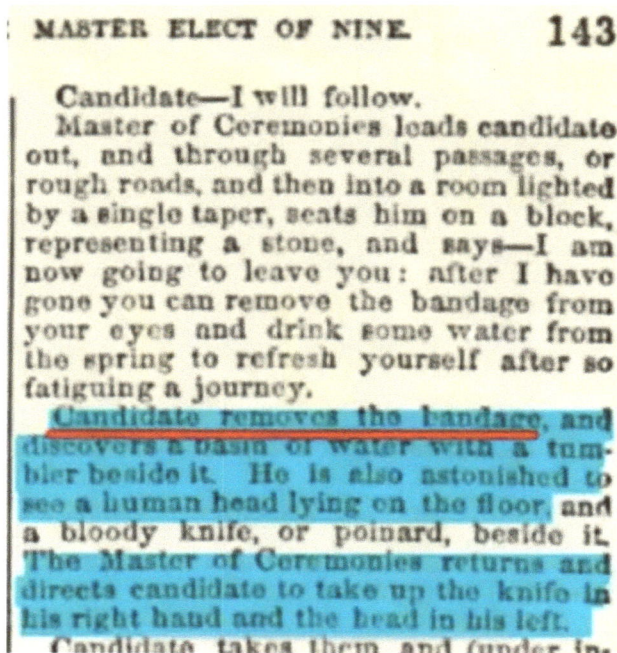

- « Le candidat enlève le bandage et découvre un fond d'eau avec un gobelet à côté. Il est également étonné de voir une tête humaine étendue sur le sol, et un couteau ou une pointe sanglante à côté. Le maître de cérémonie revient et demande au candidat de prendre le couteau dans sa main droite et la tête dans sa main gauche. »

Parmi les autres peines obscènes prévues par les rituels, citons « **l'oreille et la main coupées " ou "les deux mains », « la pendaison dans sa propre maison " et "l'ablation du sommet du crâne, de sorte que le cerveau soit cuit au soleil »**. Voyez-vous maintenant ce qu'ils essaient de cacher ? Ils doivent respecter ces serments et ces peines. L'élite mondiale ne discute jamais publiquement de la vérité ou d'enseignements mystiques ou interdits.

La franc-maçonnerie n'est que du satanisme déguisé. La franc-maçonnerie sert de processus de sélection rudimentaire pour le satanisme organisé, comme elle le montre également. Ils considèrent que le vrai dieu est Lucifer du monde et impliquent les enseignements magiques du satanisme dans le rituel maçonnique. Il s'agit d'un processus de filtrage international au cours duquel des hommes et des femmes sont sélectionnés pour la scène mondiale. Les présidents sont sélectionnés et non élus, ils ont tous le même programme pour le monde, quelle que soit la marionnette pour laquelle vous votez, parce qu'au fond, ils appartiennent tous à un seul et même établissement occulte. Les francs-maçons croient et enseignent que les ténèbres sont la lumière absolue, que Satan était autrefois, comme le disent les évangiles « les hommes ont aimé les ténèbres plutôt que la lumière ».

- **Page 106 - The Satanic Rituals, Anton Szandor LaVey -** « Pratiquement tous les rites de l'Ordre Noir utilisent des principes maçonniques ».

Le Tablier Maçonnique

Il existe plusieurs variantes de ce tablier maçonnique en fonction des différents degrés. Notamment, vous pouvez voir comment ils caractérisent le « tablier maçonnique » dans la littérature accessible au public, mais la véritable signification ésotérique et le contexte de leurs tabliers ne sont pas révélés, comme je l'expliquerai bientôt.

119

- Le tablier maçonnique couvre la taille et s'étend jusqu'aux organes génitaux pour des raisons évidentes. Après tout, la franc-maçonnerie est un culte sexuel. En effet, comme dans le satanisme, les organes génitaux d'un franc-maçon lui servent d'outils de travail. Le symbole de l'œil avec ses rayons rayonnants représente la production de l'énergie vitale sexuelle qui jaillit du pénis lorsqu'il donne vie et connaissance à l'univers. Dans la franc-maçonnerie, l'œil a de nombreuses significations et interprétations mystiques, mais sur le tablier qui est porté, il est nécessaire de représenter les « organes génitaux », qui sont l'outil de travail d'un franc-maçon. Le « sperme » ou « décharge sexuelle » généré par l'homme est la source d'énergie la plus puissante qui soit libérée, ce qui explique les rituels sexuels pratiqués par les sociétés secrètes.

- Les parties du « tablier maçonnique » sont représentées de manière plus fascinante sur la pochette de l'album « The Eye » de King Diamond, sorti le 30 octobre 1990. King Diamond est un sataniste autoproclamé. Comme illustré, l'artwork intitulé « The Eye » montre un diable dont les organes génitaux sont cachés. L'œil sur le tablier représente également les organes vaginaux qui donnent naissance dans la franc-maçonnerie. À la place de l'œil, la lettre « G » symbolise la « génération sexuelle ».

- Lorsque la lettre « G » représente l'œil, elle signifie la génération sexuelle. L'ouvrage « Morals and Dogma » du franc-maçon Albert Pike, 33e degré, nous informe que « **le principe générateur, représenté par la lettre G** ». (Page 632)

632   MORALS AND DOGMA.

cration of the Triangle, whose three sides are emblems of the three Kingdoms, or Nature, or God. In the centre is the Hebrew Jod (initial of יהוה), the Animating Spirit or Fire, the generative principle, represented by the letter G., initial of the name of Deity in the languages of the North, and the meaning whereof is Generation.

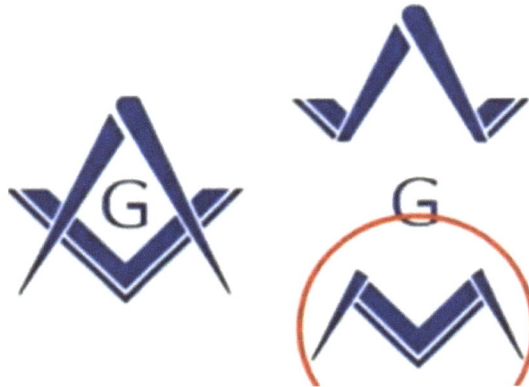

- On peut affirmer qu'en plus de leur signification réelle, les positions sexuelles incarnent également la géométrie maçonnique de la franc-maçonnerie.

Dans Morals and Dogma, écrit par Albert Pike :

Man descended from the elemental Forces or Titans [Elohim], who fed on the body of the Pantheistic Deity creating the Universe by self-sacrifice, commemorates in sacramental observance this mysterious passion ; and while partaking of the raw flesh of the victim, seems to be invigorated by a fresh draught from the fountain of universal life, to receive a new pledge of regenerated existence. Death is the inseparable antecedent of life ; the seed dies in order to produce the plant, and earth itself is rent asunder and dies at the birth of Dionusos. D'où la signification du phallus ou de son substitut inoffensif, l'obélisque, ve substitute, the obelisk, rising as an emblem of resurrection by the tomb of buried Deity at Lerna or at Sais.

L'Obélisque

L'obélisque nous humilie et se moque de nous devant tout le monde alors que nous l'ignorons et que nous nous promenons autour de lui dans l'ignorance. Ils croient que c'est sur ces sites que se manifeste leur pouvoir. Les sites d'un pénis en érection, qui est l'obélisque, sont montrés dans plusieurs endroits à travers le monde.

C'est la structure de la franc-maçonnerie, elle est compartimentée en deux parties, la gauche et la droite.

L'Ordre de l'Éclat Mystique est mis en évidence dans le coin supérieur gauche. Pour être invité à rejoindre cet ordre, vous devez être franc-maçon au 32e degré. Une fois à l'intérieur, vous pouvez être invité à rejoindre l'Ordre royal des bouffons.

Les Bouffons Royaux - Franc-maçonnerie

Seuls les Shriners en règle peuvent adhérer à l'organisation fraternelle exclusivement masculine connue sous le nom d'Ordre Royal des Bouffons. Être maître maçon est une condition préalable pour devenir shriner, et vice versa. Les « cours locales » ne peuvent accepter que treize initiés par an, et l'adhésion se fait uniquement sur invitation. En réalité, il est presque certain qu'une personne qui pose sa candidature ne sera pas acceptée.

Comparé à d'autres groupes maçonniques qui se consacrent à la charité, l'Ordre Royal des Bouffons se présente comme un « degré amusant » qui n'a aucune intention sérieuse. La mission de l'organisation est bien résumée dans sa devise, « L'humour est roi ».

Il s'agit là d'un nouvel exemple de la manière dont les francs-maçons dissimulent leurs activités en élaborant des phrases soigneusement formulées et des déclarations vagues pour cacher leurs véritables objectifs. En réalité, les « Bouffons Royaux » sont un sous-culte sexuel des francs-maçons où les hommes s'adonnent à l'obscénité. En 2008, les Bouffons Royaux ont été reconnus coupables d'avoir dirigé un réseau pédophile et des opérations de trafic d'êtres humains. Ce qui est fascinant, c'est qu'ils nous conseillent de ne pas les prendre au sérieux tout en se décrivant comme un « degré d'amusement », ce qui implique pour eux d'avoir des relations sexuelles avec des prostituées mineures. Leurs actions et leurs principes sont affichés jusque dans leur symbologie, ce qui permet au commun des mortels de connaître leurs véritables motivations.

EMBLEMATIC STRUCTURE OF FREE MASONRY

Les Bouffons Royaux - Symbologie et Emblèmes

- Vous ne pouvez pas rejoindre l'Ordre Royal des Bouffons si vous n'êtes pas franc-maçon au 32ème degré. Certaines chaînes et certains symboles utilisés par les bouffons royaux sont énumérés ci-dessous. Le sexe, la dévotion, la sodomie, les diables, les anges déchus, la bestialité et la déviance en général sont tous inclus.

Voici une liste de ce que vous pouvez trouver:

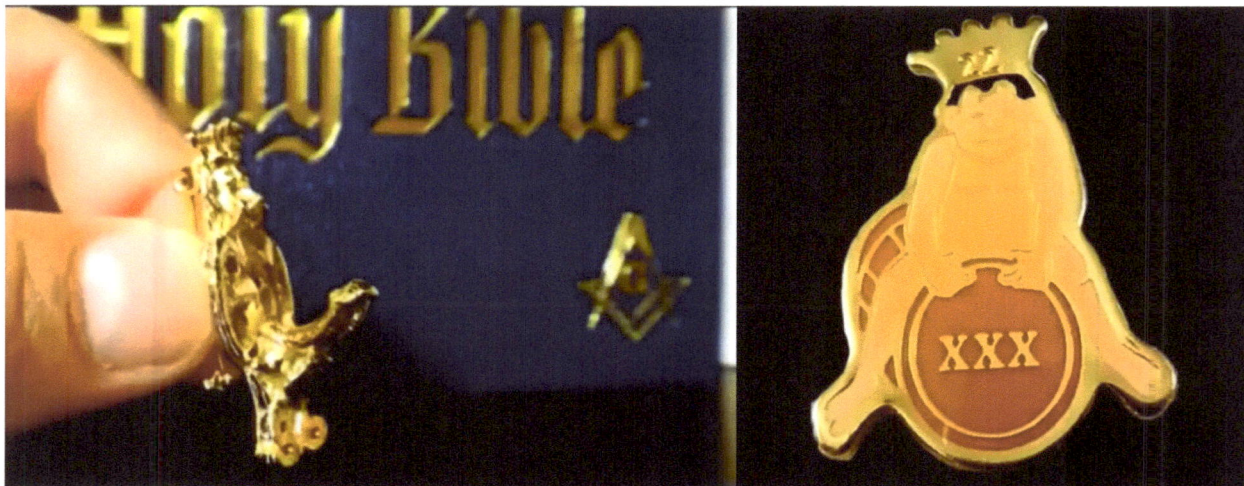

1. Un singe avec un pénis en érection 2. « XXX » - Définition courante du matériel pornographique

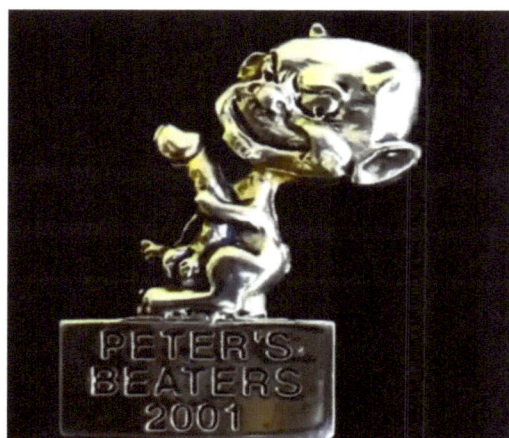

3. Femme effectuant des actes sexuels 4. Diable représenté avec un pénis en érection

- Les bouffons royaux mettent souvent en scène Momus, personnification de la satire et de la moquerie dans la mythologie grecque et sujet de deux Fables d'Esope.

4. Un singe/démon se masturbant 5. Un diable tenant une torche 6. Un ange déchu

7. Un diable monté sur un âne 8. Actes sexuels entre animaux 9. Beastialité/acte sexuel entre l'homme et l'animal

- Sur cette image, on voit clairement comment l'acte sexuel représenté dans le logo - le roi Momos assis sur le visage d'une femme - est représenté au sein de la franc-maçonnerie.

- Le nom du roi Momos, démon moqueur chassé du paradis, est inscrit à droite de ce certificat, que reçoit le bouffon royal après son initiation.

- Voici un extrait d'une vidéo montrant l'exécution inhabituelle d'un rituel sexuel lors d'une opération de la loge maçonnique. La franc-maçonnerie n'est pas en désaccord avec les bouffons. Regardez ces vieillards crasseux, les chefs de la loge, qui vous regardent faire. Dans la loge, on peut voir la boussole franc-maçonne, l'œil qui voit tout et l'acte sexuel ensemble.

- La franc-maçonnerie a un système inversé rempli de moralité, et ses actes sont en fait immoraux. L'acte sexuel est organisé et ancré dans cette société occulte. En outre, il existe un lien étroit entre la franc-maçonnerie et un certain nombre de réseaux pédophiles.

Scandale Sexuel des Bouffons Royaux - Dissimulation

Le 9 mars 2008, le Buffalo News a publié un rapport impliquant le juge de la Cour suprême de New York, Ronald Tills, le député de New York, Michale Lesinski, le capitaine de police de Lockport, John Trowbridge, et l'assistant juridique de l'État de New York, Michael Stebick, qui participaient à une opération de traite des êtres humains consistant à transporter des travailleuses du sexe immigrées sans papiers du Kentucky à New York et au Canada. Ils ont transporté des jeunes femmes à destination et en provenance d'un événement privé payé par des travailleurs du sexe et organisé par l'Ordre royal des bouffons. Une trentaine de femmes ont participé à cet événement. Une autre enquête menée au Brésil révèle que l'Ordre royal des bouffons se livre à des activités illégales avec des jeunes filles âgées de 13 ans, y compris des relations sexuelles, la consommation de drogues et d'autres activités illicites. Les Jesters se sont fait passer pour la compagnie locale d'excursions de pêche « Wet-A-Line ».

Détails clés

- Un ancien capitaine de police de Lockport et un ancien assistant juridique également condamnés
- Des adolescentes âgées d'à peine 13 ans ont été impliquées.
- L'histoire de l'Ordre Royal des Bouffons est liée aux Shriners et est une branche des Francs-maçons exonérée d'impôts.
- Il s'agit d'un ordre connu pour sa symbolique et ses motivations sexuelles.
- Il s'agit également d'une organisation enregistrée 501(c)(10) qui dépense environ 125 000 dollars par an pour « des fonctions sociales et des réunions pour environ 150 membres afin de promouvoir la fraternité et l'amitié ».
- Des informations sur leur lien avec le trafic sexuel d'enfants, les liens avec NEXIUM et les problèmes de prostitution qui durent depuis des décennies.
- L'Ordre Royal des Bouffons, le MSM et d'autres ont travaillé avec diligence pour garder un groupe de touristes sous clé après leurs condamnations.
- L'affaire a fait l'objet d'une enquête du FBI.

La Dissimulation - Pourquoi n'ai-je pas Entendu Parler de ces Affaires ?

- Alors pourquoi n'ai-je pas entendu parler de cette affaire dans les médias ? Pourquoi mes recherches se présentent-elles ainsi ? Dans ma propre recherche sur Duckduckgo, je trouve un site web pour rechercher des affaires publiques et aucune affaire apparente n'a été trouvée dans le domaine de recherche principal.

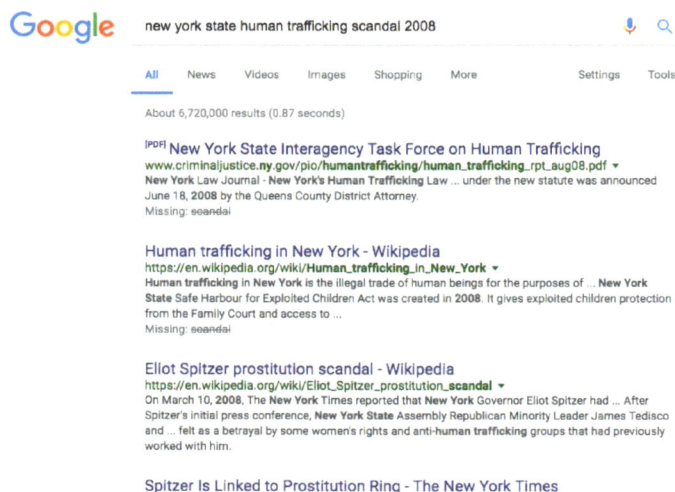

- Après de nombreuses recherches, un article datant de 2010 qui avait été caché en ligne a finalement été découvert, démontrant comment ces histoires avaient été cachées et interdites par l'ombre. Pourquoi les grands médias ne parlent-ils pas de ce sujet ? Pourquoi toutes les sources médiatiques ont-elles négligé cette organisation criminelle massive qui ne montre aucun signe d'arrêt ? Pourquoi les autorités de notre pays bénéficient-elles de ce traitement de faveur ? Que s'est-il passé d'autre dans l'affaire et les condamnations ? Les francs-maçons ont peut-être soudoyé les organisations médiatiques pour qu'elles cachent ces informations au public parce qu'elles craignaient d'être humiliées, mais je les révèle néanmoins aujourd'hui, et à juste titre.

- Article trouvé dans ; Prison Legal News intitulé : Retired New York Supreme Court Justice Sentenced to Prison for Sex Trafficking - Loaded on APRIL 15, 2010 by David Reutter published in Prison Legal News April, 2010, page 18. Classé sous : Agression sexuelle par des juges, Faute professionnelle/Corruption, Faute professionnelle des juges, Poursuites pénales. Lieu : New York : New York.**

Liste Étendue des Rituels de la Franc-maçonnerie

- Il s'agit d'une capture d'écran d'un « rituel maçonnique filmé en caméra cachée ». Cette vidéo a été tournée à l'intérieur d'une loge maçonnique, comme le montre le damier noir et blanc emblématique du sol. Elle montre un rituel impliquant un sacrifice humain. J'ai déjà publié cette vidéo en ligne et j'ai été rapidement banni pour l'avoir divulguée. De nombreuses pratiques maçonniques incluent des rituels de sang et des éléments cannibales. L'abréviation « SRA », pour Satanic Ritual Abuse (abus rituel satanique), est utilisée pour identifier les personnes qui ont été soumises à ces actes. Les sociétés secrètes d'élite ont hérité d'informations provenant d'anciennes civilisations qui pratiquaient la sorcellerie.

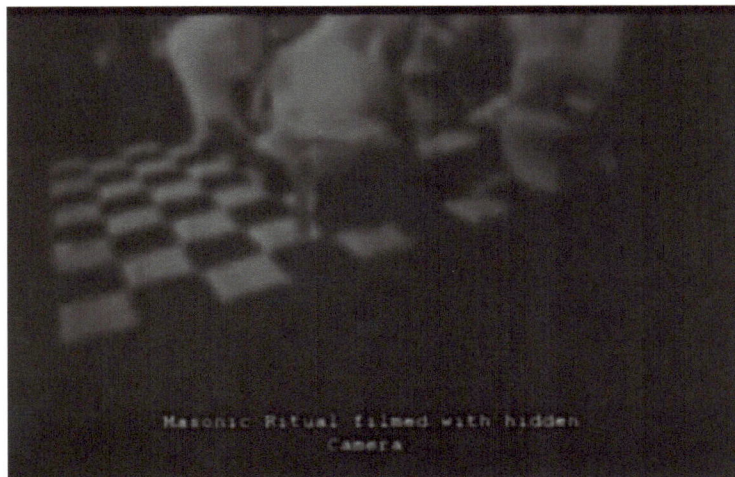

- Ce rite maçonnique humiliant, pratiqué par les candidats, consiste à se prosterner et à s'agenouiller devant les maîtres les plus vénérés.

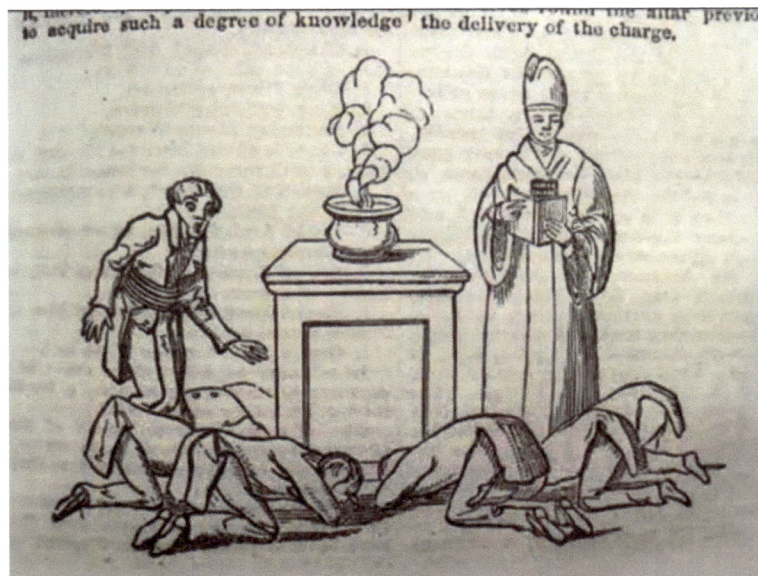

Jahbulon - Franc-maçonnerie

Le nom secret du véritable dieu maçonnique est « Jah-Bul-On ». Le dieu maçonnique est un composé impie des noms Jéhovah, Baal et Osiris. Jahbulon est un dieu maçonnique tri-panthéon déifié en tant que Baal. Baal est la principale divinité masculine des nations phéniciennes et cananéennes. Le franc-maçon le plus connu est Albert Pike, un franc-maçon de 33 degrés et le chef du Ku Klux Klan. Il identifie « Jahbulon » comme une représentation de la divinité infinie du diable.

- Ce point de vue est basé sur l'idéalisme gnostique, un système de croyance mystique et ésotérique qui inclut des êtres spirituels. C'est la divinité que les francs-maçons vénèrent lors des rituels cérémoniels. Une photo de ce qui semble être l'interaction d'un franc-maçon avec Jahbulon dans un autre plan d'existence est visible à droite. La loge maçonnique appelle cette divinité « le Grand Architecte ».

Cabale d'Élite de la Franc-maçonnerie Britannique

- Les francs-maçons sont informés qu'ils sont des êtres supérieurs et que le reste de l'humanité n'est que du bétail une fois qu'ils ont atteint le 33e degré. Ils qualifient ceux qui ne leur sont pas familiers de vulgaires et de stupides. Le mysticisme juif primitif et la magie noire sont tous deux enseignés dans l'école mystique Merkabah. Elle est basée sur la littérature Hekhalot ou le Livre d'Ezéchiel.

Pour les examens d'initiation, la majorité des francs-maçons ne dépassent pas les trois premiers degrés. Ceux-ci sont souvent appelés les degrés bleus. En fait, de nombreux francs-maçons ignorent qu'ils détiennent des degrés supérieurs jusqu'à ce qu'ils atteignent le troisième degré de la Maçonnerie. Les degrés supérieurs de la franc-maçonnerie ne sont peuplés que de nobles ou d'anciens officiers de l'armée. En tout et pour tout, ce sont environ douze hommes qui atteignent les 33 degrés. Les rituels deviennent de plus en plus bizarres au fur et à mesure qu'ils passent les épreuves, et les initiés reçoivent des titres grandioses tels que Souverain, Prince ou Chevalier, ainsi que des symboles de l'Égypte ancienne

- Les francs-maçons se sont engagés à ne jamais révéler à la vile multitude sous peine de sanctions sévères. Par conséquent, il est typique pour les francs-maçons d'affirmer qu'ils « ne sont pas une société secrète », bien que les secrets de la franc-maçonnerie comprennent une variété de reconnaissances uniques, y compris des mots de code, des signes de la main et des mots de passe. Les francs-maçons continuent à se comporter comme si les rites et les dogmes maçonniques étaient secrets, alors qu'ils sont souvent rendus publics.

Paris Jackson (fille de Michael Jackson) - Citation sur la Franc-maçonnerie

« Une société secrète n'est pas vraiment secrète si vous savez ce que vous regardez, alors n'attendez pas l'information... prenez le temps de la chercher par vous-même », a déclaré Paris Jackson, la fille de Michael Jackson, sur Twitter.

Déclarations Maçonniques de Morals and Dogmas

dly to those who are not strong enough to
brilliance. If the sacerdotal laws allowed
gments and the allegory of words, I would
uity on condition that I might be a philoso-
ad a narrator of apologues and parables. . . .
 be in common between the **vile** multitude
<mark>La vérité doit rester secrète</mark> et, and the
proportioned to their imperfect reason."
duce physical ugliness, and in some sort

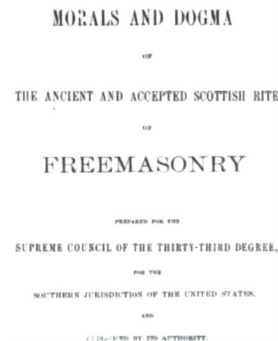

MORALS AND DOGMA
of
THE ANCIENT AND ACCEPTED SCOTTISH RITE
of
FREEMASONRY

PREPARED FOR THE
SUPREME COUNCIL OF THE THIRTY-THIRD DEGREE,
FOR THE
SOUTHERN JURISDICTION OF THE UNITED STATES,
AND

not strong enough to
acerdotal laws allowed
ory of words, I would
t I might be a philoso-
gues and parables. . . .
een <mark>la vile multitude</mark>
e kept secret, and the
r imperfect reason."
ess, and in some sort
assigns to the demons

The Masonic Oath

I, _____, of my own free will and accord, in the presence of Almighty God, and this Worshipful Lodge, erected to Him and dedicated to the holy St. John, do hereby and hereon most solemnly and sincerely promise and <mark>Que je saluerai, que je cacherai toujours et ne révélerai jamais aucun des secrets, arts, paroles, points ou éléments du Degré de Maître Maçon.</mark> soever, except that it be a true and lawful brother of this Degree, or in a

La Franc-maçonnerie est la Religion Occulte la Plus Populaire

- Les francs-maçons affirment souvent qu'ils ne sont pas un ordre religieux, ce qui est faux. « **Chaque loge maçonnique est un temple de la religion, et ses enseignements une instruction religieuse** », selon Albert Pike, le franc-maçon du 33e degré le plus connu et le plus éminent, qui a déclaré cela dans Morals and Dogma. Manly P. Hall, le franc-maçon du siècle, a déclaré la même chose : « **La maçonnerie est essentiellement un ordre religieux** ».

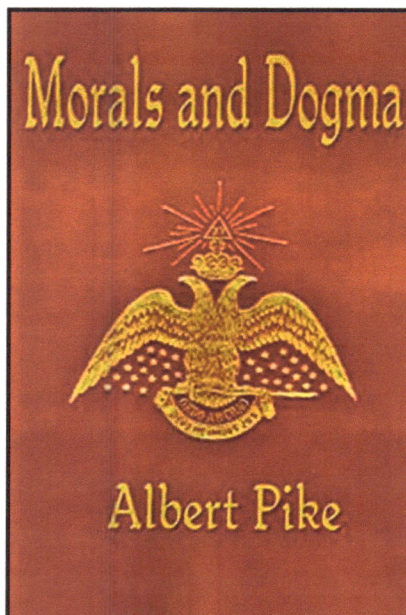

Morals and Dogma — Albert Pike

<mark>Chaque loge maçonnique est un temple de la religion et ses enseignements sont une instruction religieuse.</mark> for here are inculcated disinterestedness, affection, toleration, devotedness, patriotism, truth, a generous sympathy with those that suffer and mourn, pity for the fallen, mercy for the erring, relief for those in want, Faith, Hope, and Charity. Here we meet as brethren, to learn to know and love each other. Here we greet each other gladly, are lenient to each other's faults, regardful of each other's feelings, ready to relieve

THE
LOST KEYS
OF
FREEMASONRY

MANLY P. HALL

INTRODUCTION
I

La maçonnerie est essentiellement un ordre religieux r. Most of its legends and allegories are of a sacred nature. Much of Masonry is woven into the structure of Christianity. We have learned to consider our own religion as the only inspired one, and this probably accounts for a great many of the misunderstandings existing in the world today concerning the place occupied by Masonry in the spiritual ethics of our race. A religion is a di-

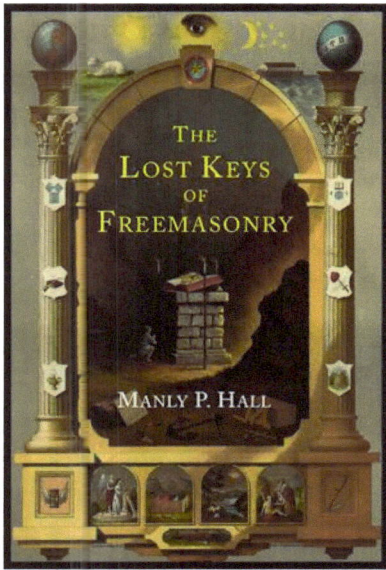

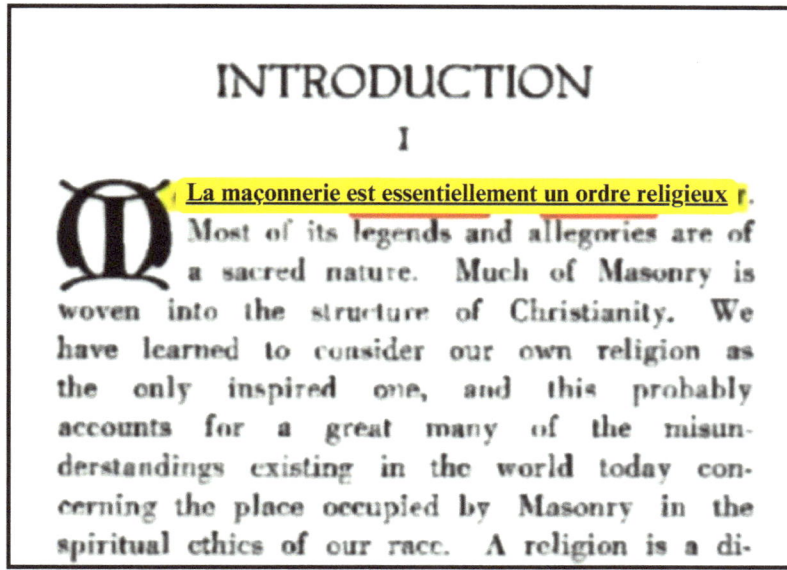

- Suis-je un anti-maçon ? Ou est-ce que je ne fais qu'énoncer l'évidence de la doctrine maçonnique ? Les références sont explicites. Pour la grande majorité des francs-maçons, il y a la maçonnerie, et puis il y a la vraie chose - la religion cachée - qui est révélée dans les degrés supérieurs. Les francs-maçons qui réfutent ces allégations sont soit des gardiens malhonnêtes, soit des personnes qui n'ont pas la capacité mentale de comprendre ce qui se passe.

"Ce que nous devons dire à la FOULE, c'est : nous adorons un dieu, mais c'est le dieu que l'on adore sans superstition. À VOUS, Souverains Grands Inspecteurs Généraux, nous disons ceci, pour que vous puissiez le répéter aux frères des 32e, 31e et 30e degrés : la RELIGION MAÇONNIQUE doit être, par nous tous initiés des hauts degrés, maintenue dans la pureté de la doctrine LUCIFÉRIENNE. Si Lucifer n'était pas dieu, Adonaï (Jésus)... le calomnierait-il ?... OUI, LUCIFER EST DIEU..."*
— A.C. De La Rive, La Femme et l'Enfant dans la Franc-Maçonnerie Universelle (page 588)

Baphomet

General Albert Pike, 33°

"Lorsque le Maçon apprend que la clé... est la bonne application du dynamo de la puissance vivante. Il a appris le Mystère de son Art. Les énergies bouillonnantes de Lucifer sont entre ses mains."
Manly P. Hall, 33°, Les Clés Perdues de la Franc-Maçonnerie

LUCIFERIAN ORDER

- La religion occulte la plus répandue parmi les fonctionnaires, tels que les juges, les policiers et les gouverneurs, est la franc-maçonnerie. Selon une enquête menée par le député travailliste Chris Mullins, les forces de police et les tribunaux métropolitains étaient réticents à exiger de leurs membres qu'ils révèlent s'ils appartenaient à des sociétés secrètes.

Série des Révélations - Franc-maçonnerie

L'auteur britannique Martin Short a révélé que la Brigade des mœurs et les officiers supérieurs du CID de Scotland Yard étaient tous francs-maçons dans une série de révélations datant des années 1970 et 1980. En outre, ils recevaient des pots-de-vin de la part de pornographes londoniens. Selon Martin Short, il y a actuellement plus de 600 000 francs-maçons en Angleterre et un policier sur six est franc-maçon. Au Royaume-Uni, de nombreux francs-maçons occupent des postes bien rémunérés au sein des conseils locaux, qui conservent généralement les temples maçonniques à l'intérieur de leurs bâtiments aux frais des contribuables.

- La Grande Patronne de la franc-maçonnerie internationale mondiale est la reine Élisabeth II. Le gouvernement britannique emploie un grand nombre de fonctionnaires, de juges, d'avocats et d'officiels qui ont tous été francs-maçons. Selon Steven Knight, la pénétration de la franc-maçonnerie dans l'establishment britannique va bien au-delà des conseils paroissiaux et des officiers de police. Les membres du parlement servent le dieu maçonnique, pas les citoyens. À l'instar de la Grande-Bretagne, l'Amérique compte une importante population de francs-maçons qui occupent des emplois gouvernementaux et des postes bien rémunérés. La cabale internationale a sélectionné ses larbins et ses adeptes pour commettre des crimes en secret tout en dirigeant les récits.

Rituels de l'O.T.O.

L'ordre OTO pratique fermement la magie noire telle qu'enseignée par Aleister Crowley ainsi que des enseignements directs de la Kabbale. Les Templiers, qui ont été exterminés dans toute l'Europe au XIVe siècle, sont à l'origine de la plupart des doctrines utilisées par cette société ésotérique. De nombreux crimes, y compris diverses formes de violence sexuelle, notamment la sodomie et la bestialité, auraient été commis par les Templiers. La Kabbale a fourni la sagesse magique aux sociétés secrètes qui pratiquent encore aujourd'hui la sorcellerie et le culte des démons. Avant d'être divisé, l'OTO était une composante de certains rites européens de la franc-maçonnerie. Le Jardin parfumé, un manuel arabe, et les guides sexuels indiens, Sutra et Ananda Ranga, ne contenaient aucune mention des mystères hermétiques et maçonniques de l'ordre. Ce sont les affirmations de Carl Kellner, chimiste mystique et l'un des fondateurs de l'OTO.

Aleister Crowley a créé pour la loge plusieurs formules magiques basées sur l'Enoch, ainsi qu'un grand nombre d'actes sexuels cérémoniels auxquels se livraient des membres éminents de l'ordre. À l'instar de la franc-maçonnerie, l'OTO confère jusqu'à dix degrés distincts. Avant d'être initiés plus tard à la magie sexuelle, les membres reçoivent une formation sur l'expertise mystique de l'ordre au cours des six premiers degrés. Le 11e degré a été créé en fonction des opinions de Crowley sur les prédilections homoérotiques, souvent connues sous le nom de mysticisme sexuel.

- Les documents secrets, qui expliquent un système basé sur la magie sexuelle et ses objectifs, ont été rendus publics en 1970. Le film « Eyes Wide Shut » (1999) de Stanley Kubrick s'inspire de ces rituels pratiqués par des clubs sexuels Illuminati de type OTO.

La philosophie magique a établi « Le Livre de la Loi » dans beaucoup de ses enseignements clés comme un guide important et une pratique après que Crowley ait pris le rôle de leader de l'Ordre. Crowley a commencé à expérimenter ses idées et ses initiatives au sein de l'OTO lorsqu'il en avait le contrôle. Des occultistes comme Ron Hubbard et l'expert en carburant pour fusées Jack Parsons ont participé à certains projets de Crowley, notamment le « Rituel de travail du Babalon ». L'ordre accepte et utilise tous les travaux d'Aleister Crowley sur la magie, y compris les « livres saints » dont il est l'auteur.

Le Rituel de Travail du Babalon

Jack Parsons, un jeune et brillant concepteur de têtes de fusées qui dirigeait le club OTO en Californie dans les années 1930 et 1940, contrôlait l'établissement. La technologie inventée par Jack Parsons pour les fusées peintes est toujours utilisée par la NASA. Sur la face cachée de la Lune, la NASA a donné le nom de Jack Parsons à un cratère. Le jeune homme passait ses journées à travailler sur des systèmes de propulsion de fusées pour les programmes spatiaux de la NASA, qui étaient supervisés par d'anciens SS nazis comme Werner Von Brown, qui avaient été amenés aux États-Unis dans le cadre du projet Paperclip de la CIA.

La nuit, Jack Parsons pratiquait des rituels de magie sexuelle dans sa maison de Pasadena et initiait ses collègues du centre de recherche sur la bombe atomique de Los Alamos. Jack Parsons était parfaitement conscient de l'utilisation qui serait faite de ses concepts de fusées Robert Oppenheimer travaillait sur la première bombe atomique, qui devait exploser à Los Alamos, non loin d'un endroit connu sous le nom de « route de la mort », situé sur le 33e parallèle, et à proximité du laboratoire de fusées de Jack Parsons à Pasadena.

Après avoir été nommé responsable de l'opération Amérique de l'OTO, Jack Parsons a recruté un membre portant le nom de code « Frater H » pour l'aider à planifier un important rituel satanique. Le « Babalon Working », l'un des rituels les plus diaboliques connus des cabalistes, a été organisé par Jack Parsons l'année même où George Bush a été baptisé sous le nom de « Magog ». Tout au long de ce rituel, l'initié doit voir les 10 royaumes et les 22 chemins interconnectés de l'Arbre de vie cabalistique. La zone située entre les trois sphères supérieures et les sept sphères inférieures est connue sous le nom d'« abîme » et c'est là que l'identité d'une personne, et même sa santé mentale, peuvent être détruites. Si l'initié parvient à traverser l'abîme sain et sauf, il se transforme alors en magicien noir de la voie dite de gauche et en frère de la Kabbale. Selon la mystique juive, ces magiciens noirs sont le mal absolu et une maladie en soi. Leur corps est projeté dans l'abîme noir de Lucifer au cours de cette énorme cérémonie de travail de Babylone, à laquelle assistait son apprenti magicien. En 1948, George Bush a été baptisé sous le nom de Magog, le chef de l'armée du diable que le Christ affrontera lors de la bataille d'Armageddon. La même année, Jack Parsons s'est baptisé lui-même sous le nom d'Armilus, Al Dajjal, l'Antéchrist.

Parsons a adopté l'ancien enseignement juif selon lequel le Christ et son Église étaient mauvais et devaient être détruits. Au cours d'une randonnée de quarante jours dans le désert de Mojave, où la zone 51 avait démissionné, Parsons a invoqué Babylone, la femme au crâne, la prostituée de l'apocalypse et Satan. Un inconnu, Freta H, affirme avoir vu Parsons percer un trou dans l'espace-temps pendant le rituel, par lequel est entré quelque chose d'horrible. La nouvelle religion culte de Ron Hubbard, la Scientologie, a été créée et est dirigée par Freta H. Hubbard, un ancien initié de l'OTO d'Aleister Crowley, a écrit un livre sacré appelé « dianetics » qui est maintenant chéri par Hollywood. Des personnes comme Britney Spears et Madonna, intéressées par ces anciennes pratiques magiques judaïques, sont sorties des centres de formation à la Kabbale.

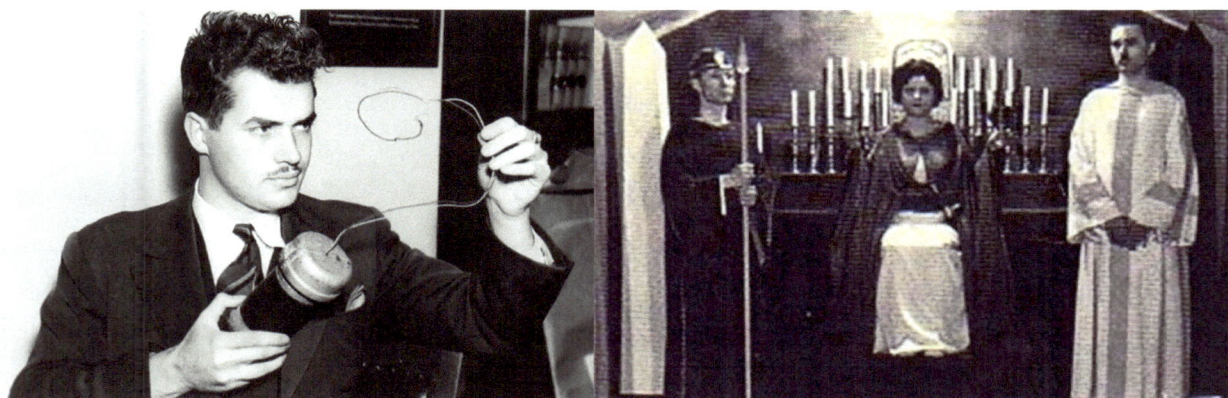

Partenaire Sexuel de Jack Parsons - Rituel de Travail de Babalon

Marjorie Cameron était la partenaire de Jack Parsons en matière de magie sexuelle au sein de l'OTO. Marjorie Cameron a admis avoir participé au rituel de travail Babalon. Elle a déclaré qu'il était basé sur l'unité de recherche sur les bombes de Los Alamos, dirigée par le scientifique juif Robert Oppenheimer, et qu'il avait été développé par Jack Parsons, L. Ron Hubbard, Aleister Crowley et des scientifiques du projet Manhattan. Marjorie Cameron a admis que Jack Parsons l'avait fécondée lors du rituel de travail Babalon, avec l'aide de L. Ron Hubbard, à une époque où l'esprit de l'Antéchrist était placé sur lui. Majorie Cameron Parsons avait été forcée de porter la progéniture de l'Antéchrist. Ils produisaient un golem, tel que décrit dans la Kabbale. Un golem est un humanoïde qui a été soigneusement construit à partir de parties de corps humains morts et qui est ramené à la vie par un magicien qui récite des formules magiques. La Kabbale estime qu'en récitant des mantras, la matière morte peut être ramenée à la vie sous la forme d'un golem, selon une déclaration d'Isaac Bashevis Singer. Le Talmud mentionne que Rabbi Rava avait la capacité de faire apparaître des golems.

Dans le film horrifiant de Roman Polanski, une secte satanique basée à New York et dirigée par un personnage inspiré d'Aleister Crowley demande à Satan de s'accoupler avec une jeune fille et de donner naissance à un golem antéchrist. Vous verrez que Satan a un physique quelque peu reptilien. Le fondateur de l'Église américaine de Satan, « Anton LaVey », joue le rôle du diable dans le film « Rosemary's Baby ».

Le fœtus du golem a ensuite été retiré de l'utérus de Cameron Parsons par des agents fédéraux, qui l'ont remis à une équipe spéciale de l'usine de fabrication de bombes atomiques de Manhattan, selon les informations que Jack Parsons a fournies à son ancien employeur.

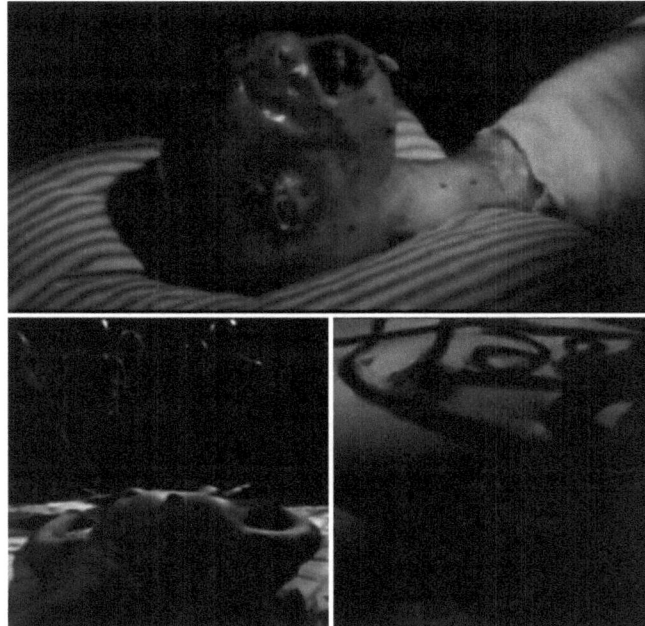

Selon la théorie de l'auteur américain Michael Hoffman dans son livre « Secret Societies and Psychological Warfare », le fœtus golem pourrait avoir été contenu dans un gigantesque bidon de 25 pieds de long et 12 pieds de diamètre, déterré au polygone d'essais de bombes de Los Alamos. L'énigmatique conteneur « Jumbo » est fait de plomb solide et de ciment. Le fœtus aurait pu être placé dans le cœur de la boîte et aurait pu émettre des radiations lors de l'explosion de la première bombe atomique. L'enfant démon a ensuite été imprégné de ce que les cabalistes appellent l'énergie démoniaque du feu atomique.

Deux ans plus tard, Parsons a annoncé à sa mère que son enfant golem avait survécu et qu'il était de sexe féminin. Robert Oppenheimer, un génie juif maléfique qui a été le pionnier du projet Manhattan, adorait les anciens mantras indiens et a fait progresser l'alchimie maléfique avec l'aide de son équipe de scientifiques. Robert Oppenheimer et ses scientifiques juifs, les quatre cavaliers de l'apocalypse, ont donné le nom de « Trinité » à la première bombe atomique. La trinité du Christ a-t-elle été mentionnée ici ? Ou s'agit-il d'une référence subliminale à l'Antéchrist ?

Bombe Atomique, Majorie Cameron, and Jack Parsons

L'O.T.O. et Hollywood

Les OTO jouissent aujourd'hui d'une grande popularité à Hollywood. Nombre de ces célébrités pratiquent des rituels sataniques secrets et sont également satanistes. De nombreuses célébrités s'engagent dans des réseaux sexuels, des cultes sexuels comme l'OTO et les enseignements de la magie sexuelle noire d'Aleister Crowley. Bien que l'appartenance à l'OTO soit exclusive, nombre de ses participants expriment publiquement leur appartenance et déclarent leurs allégeances.

"do what thou wilt"

Le Satanisme est la Nouvelle Religion d'Hollywood

Peaches Geldof - OTO

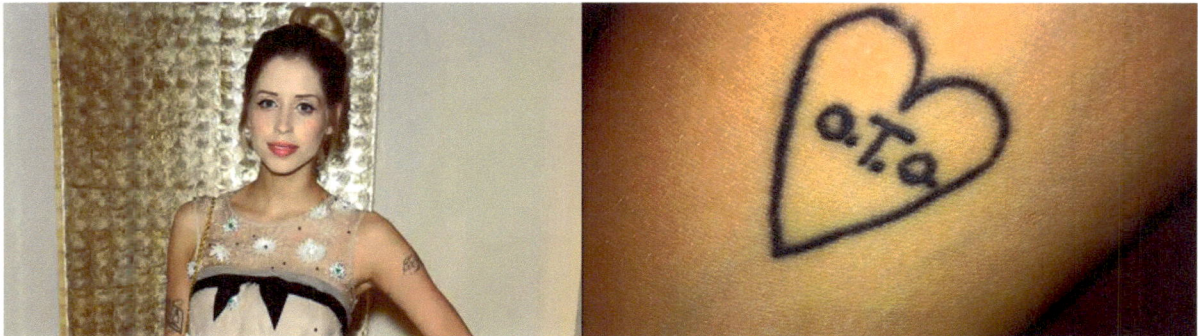

- Peaches Geldof est une Thélémite, c'est-à-dire une personne qui croit en Thelema. « Fais ce que tu veux » est le principe fondamental de la religion Thelema, fondée par l'occultiste, adepte de la "magie sexuelle", "l'homme le plus méchant du monde" et ancien chef de l'Ordre des Templiers orientaux, Aleister Crowley.

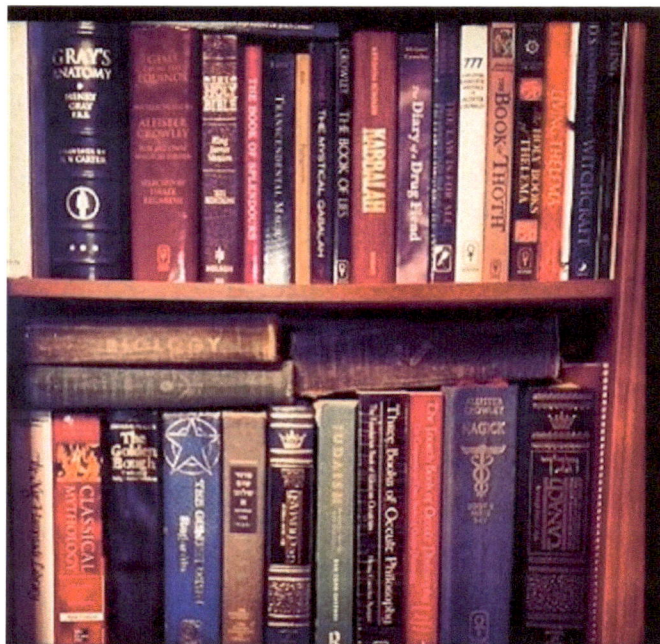

L'étagère de la chambre de la regrettée Peaches Geldof : Quelques semaines avant le décès malheureux de Peaches Geldof en avril 2014, une partie de sa collection de livres a été rendue publique sur son compte Twitter. Dans le but d'encourager les lecteurs des livres de Crowley et d'autres ouvrages sur lui, Peaches, adepte du Thelema d'Aleister Crowley, a mis en ligne sa collection de couvertures de livres.

Collection de livres de Peaches Geldof

1. L'anatomie du corps humain par Henry Grey (1918)
2. Gems from the Equinox : Instructions by Aleister Crowley for his Magical Order (Les pierres précieuses de l'équinoxe : instructions d'Aleister Crowley pour son ordre magique)
3. La Sainte Bible (version King James)
4. Le livre des splendeurs : Les Mystères Intérieurs du Qabalisme par Eliphas Levi
5. La magie transcendantale : sa doctrine et son rituel par Eliphas Levi
6. La Kabbale mystique
7. Le livre des mensonges
8. Origines de la Kabbale par Allan Arkush & Gershom G. Scholem
9. Le journal d'un drogué par Aleister Crowley
10. La loi est pour tous par Israël Regardie
11. Le Livre de la Loi
12. 777 et autres écrits qabalistiques d'Aleister Crowley
13. Le Livre de Thot : Un court essai sur le Tarot des Egyptiens
14. Les livres sacrés de Thelema : les écrits techniques d'Aleister Crowley
15. Living Thelema : A Practical Guide to Attainment in Aleister Crowley's System of Magick par le Dr. David Shoemaker
16. Buckland's Complete Book of Witchcraft (Livre complet de sorcellerie de Buckland)
17. Le Yi King du Livre des changements
18. La bibliothèque de Nag Hammadi : La traduction définitive des écritures gnostiques en un seul volume

Comme vous pouvez le constater, elle s'intéressait à un large éventail de documents sur la sorcellerie et la magie noire, en plus des écrits d'Aleister Crowley. Cette collection d'ouvrages serait l'un des sujets d'intérêt de nombreuses personnalités influentes, dont les allégeances sont toutes fondées sur des motifs magiques et sataniques. Peaches Geldof est décédée en 2014 d'une overdose d'héroïne à l'âge de 25 ans. Par coïncidence ou de manière assez similaire, Aleister Crowley était également un héroïnomane, qui incorporait des substances psychoactives dans ses travaux occultes. En 2000, Paula Yates, la mère de Peaches Geldof, est également décédée d'une overdose d'héroïne. Elle a nié s'être jamais intéressée à l'OTO ou à toute autre secte étrange, mais a déclaré qu'elle avait cherché « un chemin spirituel » pendant son adolescence. L'utilisation de cette voie spirituelle a donné naissance à de sombres traditions occultes. Peaches était également affiliée à la

Scientologie. En 2009, lors d'une interview avec Fearne Cotton pour la série de documentaires intitulée « When Fearne Met Peaches Geldof », Peaches Geldof a admis être scientologue. En novembre 2009, elle a assisté au 25e anniversaire de l'Association internationale des scientologues au manoir de Saint Hill à East Grinstead, dans le West Sussex. Tom Hanks, Kristie Alley, Anne Archer, Nancy Cartwright, Erika Christensen, Tom Cruise, Chick Correa et d'autres personnalités connues sont des adeptes de la Scientologie.

Peaches Geldof a commenté les condamnations d'un délinquant sexuel et ancien musicien, Ian Watkins, car elle était bien consciente des activités occultes qui se déroulaient à Hollywood à l'époque. Elle a parlé des cultes sexuels qui prévalent dans l'industrie. En 2013, elle a été menacée d'une enquête criminelle après avoir tweeté l'identité prétendue des deux mères qui auraient permis à l'ancien leader des Lostprophets, Ian Watkins, d'abuser de leurs enfants. Après avoir avoué 13 actes sexuels, dont une tentative de viol sur un nouveau-né, le juge a condamné Ian Watkins à 29 ans de prison en 2013. Le juge a décrit ces délits comme « ayant atteint de nouveaux sommets de dépravation ».

Jay-Z est un membre notable des Illuminati et un adepte de l'OTO. Nombre de ses allégeances sont occultes et sataniques. Voici une photo présumée de Jay-Z dans une loge franc-maçonne. C'est là que Jay-Z prête serment de silence, s'incline devant d'autres hommes et s'adresse à eux en tant que « très vénérable maître ».

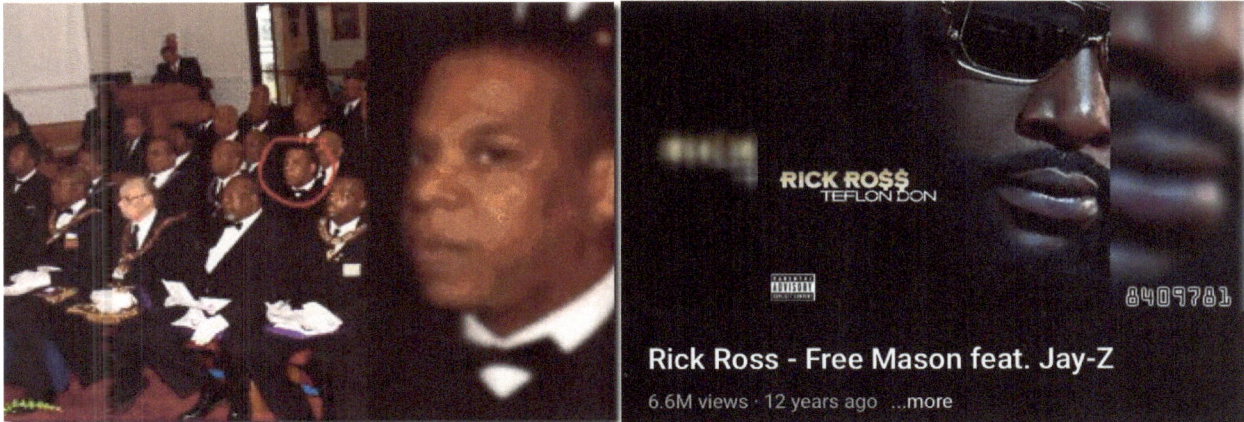

Jay-Z et Kanye West lancent symboliquement le geste du « All-Seeing Eye Illuminati ». L'œil de Lucifer est un symbole ésotérique très répandu à Hollywood.

- En outre, il crée de la musique comme la chanson « Lucifer », qui a été produite par un autre membre des Illuminati, Kanye West, que l'on voit avec un pin's d'aigle à deux têtes. Les affirmations selon lesquelles Kanye West serait devenu chrétien sont frauduleuses ; elles ne sont pas ce qu'elles semblent être.

- AIGLE BICÉPHALE (RITE ÉCOSSAIS) : Ce symbole de l'aigle bicéphale est celui du Rite écossais ancien et accepté de la franc-maçonnerie. Le nombre 32 à l'intérieur du triangle représente le 32e degré du Rite écossais. La devise latine, **« Spes mea in Deo est », signifie « Mon espoir est en Dieu ». Quel Dieu ? Je pense que nous l'avons déjà compris**.

- Sur l'un des t-shirts de Jay-Z, les mots « Do what thou wilt » (fais ce que tu veux) sont imprimés, tandis que sur un autre t-shirt de sa ligne de vêtements présenté dans les grandes loges maçonniques, les mots « the craft » (le métier) sont associés au symbolisme maçonnique.

- Ce sont toutes les philosophies enseignées par Crowley. Jay-Z est un Thélémite qui a été initié aux ordres secrets des Illuminati, comme beaucoup d'autres.

Les Beatles - OTO

Aleister Crowley lui-même apparaît sur la pochette de l'album Sgt. Pepper's des Beatles, en hommage à l'intérêt du groupe pour l'occultisme et d'autres contre-cultures. Certaines paroles de l'album, comme « Lucy in the Sky with Diamonds », auraient été influencées par les idées et les croyances de Crowley.

Lorsqu'Ab-Soul a donné le titre « Do What Thou Wilt » à son album et à sa pochette, il a rendu un hommage musical à Aleister Crowley. Ab-Soul mentionne fréquemment Aleister Crowley au cours de sa carrière. De nombreux musiciens sont conscients des messages subliminaux et des indices qu'ils veulent faire passer dans l'esprit de leur public grâce aux enseignements d'Aleister Crowley. La notion d'assimilation des messages des esprits dans la psyché humaine était l'un des concepts clés enseignés par Crowley. Il s'agit d'une tendance courante dans le hip-hop, dont de nombreux artistes sont conscients. Des sons et des paroles particulières qui influencent vos pensées et votre fréquence vibratoire peuvent être utilisés pour illustrer la « magie musicale ».

- Russell Brand, un ancien toxicomane sexuel de 37 ans, a été cité comme ayant affirmé qu'il respectait l'un des enseignements de Crowley sur l'amour de la liberté. En outre, Adam Lambert a été vu portant des vêtements avec des symboles OTO.

Led Zeppelin - Jimmy Page

Le guitariste de Led Zeppelin, Jimmy Page, participait régulièrement à des rituels de l'OTO. Jimmy Page a été tellement inspiré par Crowley qu'il a acheté son ancienne maison, Boleskine House, au bord du Loch Ness en Écosse.

- D'autres musiciens comme Iron Maiden, David Bowie, Ozzy Osbourne et Marilyn Manson, ainsi que des groupes comme Red Hot Chilli Peppers, ont tous été influencés par Aleister Crowley. Aleister Crowley a inspiré une méthode d'enregistrement appelée « backmasking », qui consiste à enregistrer un message à l'envers sur une bande qui peut être lue à l'endroit. L'utilisation du backmasking permet de transmettre des messages subliminaux maléfiques et de jeter des sorts, et est surtout utilisée dans la musique rap et métal.

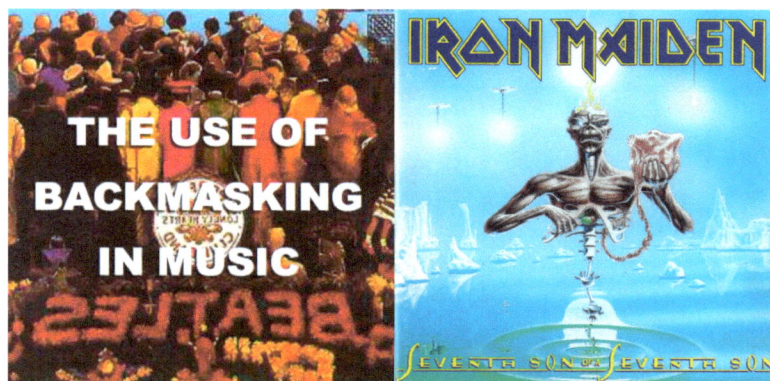

La représentation de Eyes Wide Shut et des Illuminati

Alors pourquoi celui qui s'est un jour qualifié de « Grande Bête 666 » et d'« homme le plus méchant du monde » est-il si réputé à Hollywood ? Parce que, comme lui, Hollywood regorge d'occultistes qui partagent la même vision du monde et les mêmes intérêts. Hollywood dans son ensemble est une secte géante, dont de nombreuses personnalités appartiennent aux sociétés secrètes des Illuminati.

Comme Stanley Kubrick l'a montré dans son film « Eyes Wide Shut », il s'agissait d'un message adressé au monde obscur d'Hollywood. Pour beaucoup de gens, Eyes Wide Shut est le principal film qui expose les Illuminati d'Hollywood. Selon la légende, Stanley Kubrick, le réalisateur du film, en aurait trop révélé et aurait été tué par les Illuminati. Kubrick est mort en mars 1999, le même mois que la sortie de « Matrix ».

Broken Baby Dolls - Le Bal des Illuminati et Eyes Wide Shut

Des mannequins ressemblant à des cadavres, des têtes de poupées brisées, des membres démembrés éparpillés sur les tables et un présentateur arborant un effrayant masque à cornes. Il ne s'agit pas d'un film d'horreur bizarre, mais d'images authentiques du « bal des Illuminati » organisé par les Rothschild eux-mêmes en 1972.

La Mort de Stanley Kubrick

Que s'est-il passé dans les mystérieuses 24 minutes manquantes du film ? Le studio du film a fait des changements après la mort de Stanley Kubrick, et un jour après avoir refusé de sortir 24 minutes du film, Kubrick est décédé. La vérité est qu'ils ont supprimé les parties du film et qu'ils ont tout coupé.

Eyes Wide Shut, qui sera le dernier film de Kubrick, poursuit son long thème des perversions bizarres des riches, de la soi-disant élite, en montrant une mascarade qui est une réplique exacte de celle que les Rothschild avaient organisée des décennies auparavant. Le film Eyes Wide Shut a été tourné dans un véritable manoir Rothschild. Tout cela a été fait pour préparer un événement qu'ils organisaient ; la liste des invités était un who's who des Illuminati, comme l'ont révélé les menotti.

Dans le village de Mentmore, dans le Buckinghamshire, la famille Rothschild a fait construire les Mentmore Towers entre 1852 et 1854. Le film « Eyes Wide Shut » a été tourné dans ce manoir.

Artistes, créateurs de mode, célébrités et membres de la royauté ont été accueillis par des hommes portant des masques de chat et conduits dans la zone principale où Marie Helen de Rothschild attendait, portant un masque détaillé à tête de cerf avec des cornes décoratives

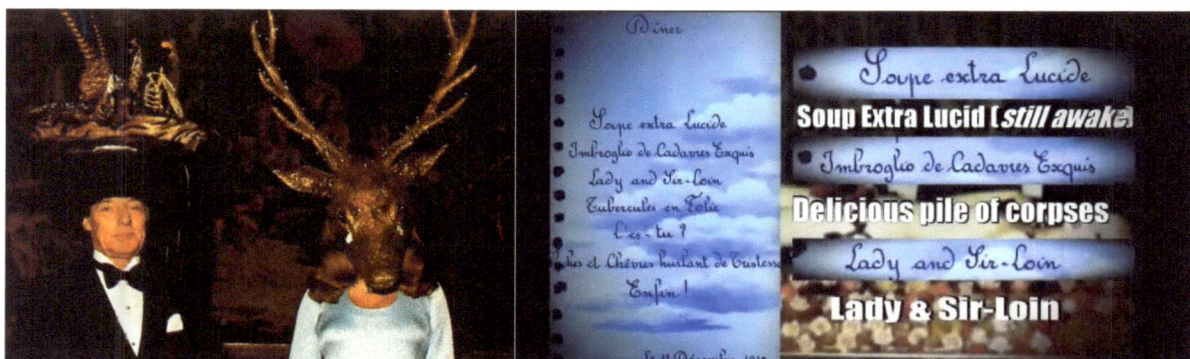

dépassant du sommet. Les masques à cornes sont connus pour avoir été utilisés dans des rituels païens dans le passé. Les listes d'invités étaient écrites à l'envers, conformément aux rites de backmasking du sataniste Alastair Crowley, qui exigeait que tout soit fait à l'envers. Ces images troublantes du « Bal des Illuminati » ont été publiées, montrant leurs étranges vêtements et leur étrange décoration.

Des poupées de bébé sont éparpillées sur les tables en guise de décoration, ce qui témoigne de leur dédain envers les gens. Une actrice du nom d'Audrey Hepburn a porté des masques en forme de cage à oiseaux pour symboliser le contrôle de l'esprit par MK Ultra.

Lorsque l'identité de Cruis dans Eyes Wide Shut s'avère être un faux, l'homme à la cape rouge est retrouvé assis sur une chaise avec un double aigle. L'aigle jumeau qui figure sur l'écusson de la famille Rothschild est leur symbole. Plusieurs rumeurs ont circulé sur ce qui aurait pu se passer pendant ces 24 minutes. Warner Bros a déclaré que le montage était nécessaire pour obtenir une classification R, bien que cet argument soit illogique. Les vingt-quatre minutes du montage final d'un film ne se résument pas à quelques séquences aléatoires. Il est donc plus probable qu'une scène complète ait été coupée, une séquence qui aurait pu servir de point culminant au film.

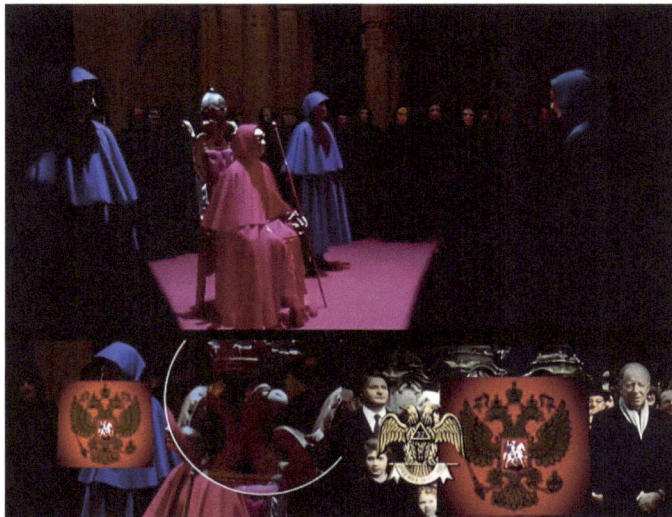

Il est également étrange que Kubrick soit décédé exactement 666 jours avant le 1er janvier 2001. Par coïncidence, l'un des films les plus connus de Kubrick est 2001 : l'Odyssée de l'espace. Tout cela ressemble à une indication des Illuminati. Selon les autorités, la cause apparente du décès de Kubrick est une « insuffisance cardiaque ». Les Illuminati pourraient-ils vraiment planifier un meurtre pour qu'il ressemble à une crise cardiaque ? Lors d'une réunion du comité de l'Église en 1975, il a été révélé que la CIA possédait une arme capable de réaliser cet exploit.

Le pistolet à fléchettes empoisonnées top secret de la CIA provoque des crises cardiaques mortelles chez ses cibles et ne laisse aucune trace.

14:52 · 16.02.2016   3325

Un lanceur d'alerte a affirmé que la CIA avait développé un "pistolet à crise cardiaque" imprégné d'un poison mortel pour mener des assassinats

Le Pistolet Secret à Crise Cardiaque de la CIA

- Le pistolet tirerait une fléchette - qui peut provoquer une crise cardiaque une fois qu'elle a pénétré dans le système sanguin - sur ses victimes. Il peut transpercer les vêtements sans laisser de traces d'impact sur la peau, à l'exception d'un petit point rouge, selon des initiés. L'arme, un Colt 1911 modifié, aurait été mentionnée lors de la tristement célèbre enquête de la commission Church sur la CIA en 1975.
- **La dénonciatrice Mary Embree a déclaré :** « Le poison était congelé dans une sorte de fléchette : "Le poison était congelé dans une sorte de fléchette qui était ensuite tirée à très grande vitesse sur la personne. Lorsqu'il atteignait la personne, il fondait à l'intérieur et il y avait un minuscule point rouge sur le corps, ce qui était difficile à détecter. Il ne restait pas d'aiguille ni rien de ce genre dans la personne ».
- **Dans la vidéo, le sénateur Frank Church demande au directeur de la CIA William Colby : « Ce pistolet tire-t-il la fléchette ? »** **Il répond :** "Oui, monsieur le président, et une fléchette spéciale a été mise au point qui, potentiellement, pourrait pénétrer dans la cible sans être perçue. Colby révèle également que la toxine n'apparaîtrait pas lors d'une autopsie - il n'y aurait donc « aucun moyen de percevoir que la cible a été touchée ».

Pistolet à Fléchettes Empoisonnées de la CIA

- D'un point de vue historique, ces rituels des Illuminati trouvent leur origine dans des festivals tels que les Bacchanales grecques et romaines, qui comportaient des orgies masquées dans le cadre de l'adoration des dieux païens.

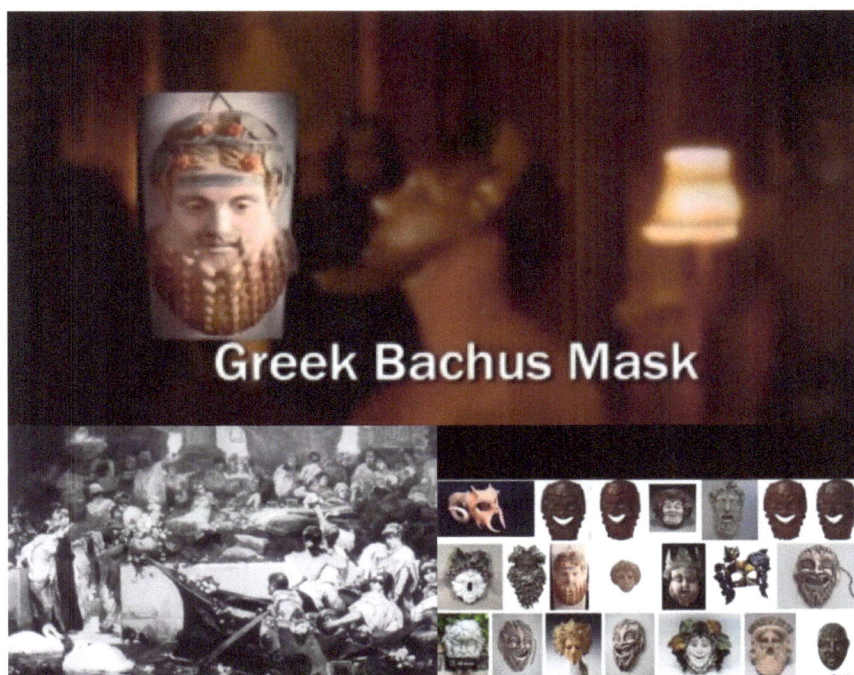

Greek Bachus Mask

La riche aristocratie européenne assiste à ces événements en privé depuis des centaines d'années. Kubrick a véritablement adapté le scénario de « Traumnovelle », qui raconte l'histoire d'un couple ayant participé à une fête similaire dans la haute société autrichienne au début du siècle. L'Autriche est proche de l'État allemand de Bavière, où les premiers Illuminati bavarois ont été créés. Beaucoup pensent qu'Anton Szandor LeVay, fondateur et grand prêtre de l'Église de Satan, est évoqué par un homme plus âgé qui utilise le nom hypnotique de Sandor Savost pour séduire Alice.

- Un masque en particulier est censé ressembler à Bob Hope, qui a été identifié comme un manipulateur de MK Ultra par des dénonciateurs.

D'autres pensent que Kubrick a pu montrer l'étrange utilisation d'enfants dans les rituels de l'élite satanique. Ces organisations secrètes ont un côté bien plus sombre, comme le montrent les réseaux sophistiqués de trafic d'enfants qui ont fait surface en Belgique. Est-ce là la véritable menace dont Kubrick essayait de nous alerter ? Dans le film Eyes Wide Shut, le nom du magasin de costumes, Rainbow Fashions, fait allusion au contrôle mental MK Ultra, qui est lié aux arcs-en-ciel, au symbolisme de l'arc-en-ciel et aux thèmes du Magicien d'Oz.

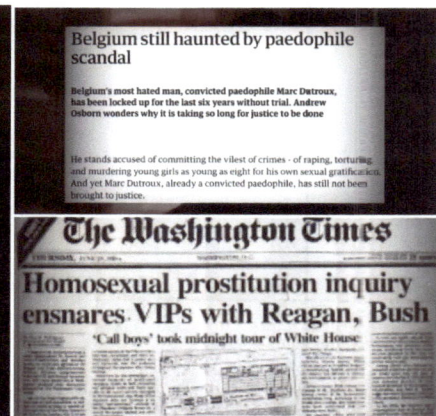

- Through the Looking Glass et « Over the Rainbow », deux expressions qui signifient « entrer dans un état de rêve », sont souvent utilisées dans le film. L'arc-en-ciel symbolise également l'illusion du rêve ou de la fantaisie.

Nicole Kidman affirme que Kubrick lui a dit que les pédophiles gouvernent le monde et qu'il a expliqué comment le monde réel fonctionne et qui contrôle les coulisses pendant le tournage de Eyes Wide Shut. Si c'est ce que Kubrick a révélé pendant ces 24 minutes, il est logique qu'il ait été tué. Nicole, malgré son apparence, n'a jamais été aussi ignorante de ce monde sombre.

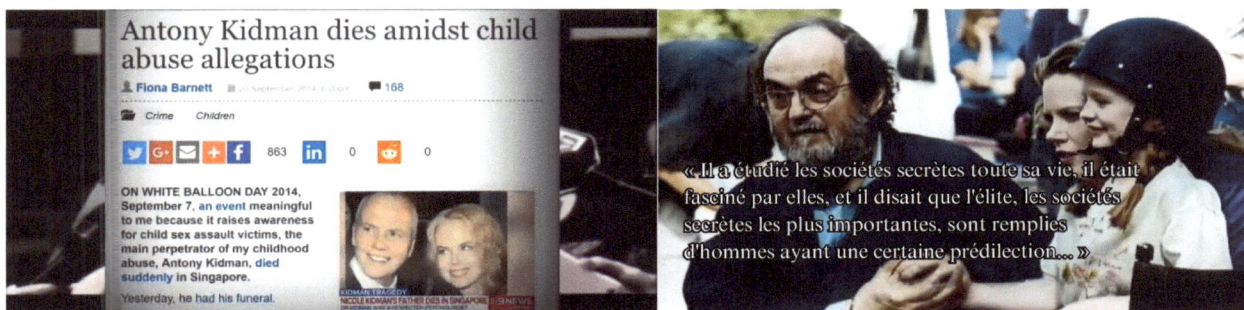

Son père, Anthony Kidman, était un luciférien de haut niveau et un membre du célèbre Ordo Tempo Orientis d'Aleister Crowley, un groupe bien connu pour sa magie sexuelle rituelle et ses anciennes pratiques païennes. Il est mystérieusement décédé de manière inattendue après avoir été officiellement reconnu comme l'un de ses agresseurs par une Australienne du nom de Fiona Barnett. De hauts fonctionnaires, des membres de la police et du système judiciaire ont tous été impliqués dans ce réseau pédophile d'élite. Une fois que l'on a compris les liens privilégiés de Nicole Kidman, sa célébrité prend tout son sens.

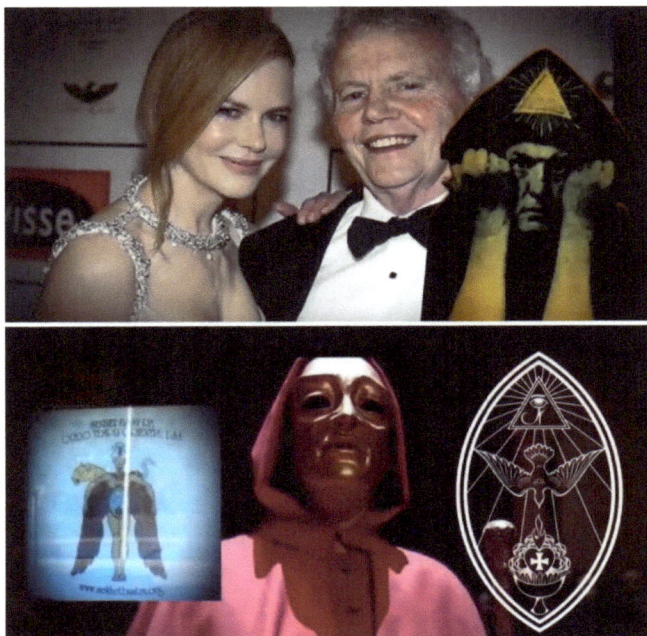

Une conversation présumée entre Nicole Kidman et le célèbre réalisateur Stanley Kubrick vient étayer cette théorie. Il n'est pas surprenant que Kubrick ait choisi d'inclure Nicole Kidman dans Eyes Wide Shut. L'utilisation d'un couple réel issu d'une vraie famille Illuminati donne au public le sentiment que ce film n'est pas du tout une fiction.

En y regardant de plus près, un autre scénario du film s'avère bien plus effrayant. À la fin du film, lorsque Harford et sa femme Alice emmènent leur enfant dans un magasin de jouets, la petite fille semble s'enfuir à la suite de deux hommes plus âgés. Selon des témoins oculaires, ces deux hommes étaient présents à la fête de Noël exclusive qui a lieu au début du film. Il ne fait aucun doute que Kubrick avait prévu le coup. Les personnages joués par Cruise et Kidman ne semblent pas savoir où va leur fille. Se pourrait-il qu'ils aient acheté l'entrée de leur fille dans ce club exclusif ? Bien qu'il soit difficile de l'imaginer, cela se produit dans ces milieux. Il est important de noter que la scène du magasin de jouets est remplie de références occultes, depuis les étoiles en toile de fond jusqu'au jeu de société clairement visible appelé Cercle magique, qui fait allusion au cercle utilisé dans la magie noire réelle, comme celui de la célébration rituelle. En entrant dans le magasin de jouets, la jeune fille montre une voiture d'enfant noire d'aspect ancien.

- Le choix d'un tigre comme animal en peluche est une référence claire à la programmation bêta MK Ultra, souvent connue sous le nom de programmation des chatons sexuels, qui commence dès le plus jeune âge. Rien de ce qui est filmé dans un film comme celui-ci n'est accidentel.

Dans un film de Kubrick, en particulier, tout est choisi et positionné avec soin. Ceux qui ont l'œil vif peuvent voir venir les signes avant-coureurs à un kilomètre de distance. La fille de la famille Harford est entraînée dans les rangs de la secte comme un animal envoyé à l'abattoir. Stanley Kubrick a produit plus d'intrigues et de mystères que la plupart des réalisateurs. Il a révélé des faits cachés sur notre monde et sur les personnes au pouvoir en utilisant des signaux et des significations dissimulés. Dans Eyes Wide Shut, Kubrick a exposé certaines des pratiques les plus sinistres de l'élite luciférienne, notamment le MK Ultra, la traite des êtres humains et les véritables rituels des Illuminati.

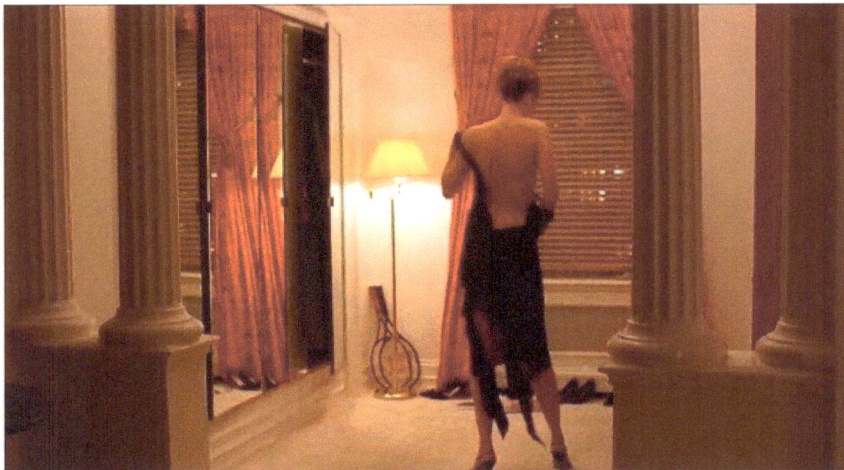

Le film s'ouvre sur un plan de Nicole Kidman se déshabillant entre quatre piliers. Les deux piliers représentent les « **piliers maçonniques** » - « Boaz et Jachin ».

- Les arbres de Noël, symboles païens du culte de la fertilité, apparaissent dans toutes les scènes sauf une.

- **Le livre Born in Blood : The Lost Secrets of Freemasonry (Les secrets perdus de la franc-maçonnerie) décrit certains aspects de leurs cérémonies secrètes :** « Le bandeau est commun à presque toutes les sociétés secrètes... dans certaines sociétés, l'initié n'a pas les yeux bandés, mais tous les membres présents dans la pièce sont masqués ou encapuchonnés. » (235)

Les Fêtes du Manoir d'Hollywood

Photos prises lors du « Bal des Illuminati

- Depuis 1972, le baron et la baronne de Rothschild parrainent le bal des Illuminati, un rassemblement d'élite de personnes fortunées.

En réalité, des personnes fortunées organisent souvent des soirées sexuelles privées avec des célébrités, au cours desquelles les participants se livrent à des activités sexuelles sous l'influence de drogues. De nombreux témoignages indiquent qu'il est inquiétant que tant d'adolescents mineurs participent à des fêtes sexuelles sataniques et à des orgies à Hollywood.

Jessica Reed Kraus a présenté une analyse complète des nombreux témoins qui ont décrit Amber Heard comme une escort-girl qui organisait des rencontres pour des personnes fortunées de la région de Los Angeles par l'intermédiaire de sa société House Inhabit Substack. Elle a même été accusée d'organiser des orgies sataniques. Elle aurait organisé de nombreuses soirées sexuelles avec certaines des personnes les plus influentes d'Amérique.

Brooke Mueller - Expériences Eyes Wide Shut

Brooke Mueller a assisté à des soirées sexuelles de type "Eyes Wide Shut" dans les Hamptons.

1. Selon un enregistrement audio publié en 2019, Brooke Mueller a raconté s'être rendue à une fête sexuelle de type « Eyes Wide Shut » dans les Hamptons après être arrivée avec des « valises pleines de drogues ».

2. La bande audio explosive présente des troubles de l'élocution de Mueller, 41 ans, qui décrit avoir regardé des personnes anonymes nues se livrer à des actes sexuels avec un mystérieux « homme marié » dans une scène similaire à celle du drame érotique « Eyes Wide Shut » (1999) de Tom Cruise et Nicole Kidman. Mueller demande également à se procurer de la méthamphétamine, de la cocaïne et de l'héroïne à base de goudron noir.

3. Dans l'enregistrement exclusif des premières heures du 15 juillet, on entend Mueller dire : « C'était une fête du type "Eyes Wide Shut" ... dans les Hamptons, il y a une fête ici. C'est après les heures d'ouverture, en fait, mais c'était vraiment cool... du sexe... comme." Elle ajoute : « Mais il n'y a pas besoin de sexe, juste des gens nus qui se promènent. C'est vraiment cool. Je l'ai fui la dernière fois. Je ne m'y attendais pas, mais cette fois-ci, je l'ai regardé. Je ne savais pas que ça arrivait, mais c'est vraiment différent. Oui, ça arrive - on va en faire un ce soir dans le Queens ».

4. Lorsqu'on lui a demandé avec qui elle se rendait à la fête, elle a ajouté : « C'est juste mon ami, ce n'est même pas mon petit ami ... il est marié. Je sais, je me sens mal, mais je ne peux pas m'en empêcher... Nous ne sommes même pas sortis ensemble, mais c'est plutôt amusant, mais de toute façon... mais je ne veux pas que quelqu'un le sache, vous savez ? ».

5. Cependant, une personne familière avec le comportement de Mueller sous l'emprise de la drogue a déclaré : "Lorsque Brooke est sous l'emprise de la méthamphétamine, elle devient très sexuelle, se déshabille et recherche des situations sexuelles. Ce type de comportement la met dans des situations compromettantes inquiétantes, souvent avec des personnes totalement inconnues ».

6. On entend Mueller ajouter sur la bande : « Maintenant, nous sommes presque dans le Queens. En fait, ce que nous voulons, c'est, si c'est possible, de la cocaïne et de la méthamphétamine, du cristal et de la coke, et si c'est encore possible, il faut que ce soit du goudron, du goudron noir."

- Mueller s'empresse ensuite de dire à propos du goudron noir : « Mais ce n'est pas pour moi... Oui, quoi que ce soit, nous l'aurons », ajoute-t-elle. "Et ensuite, je vous enverrai un Venmo juste pour avoir fait ça. Deux cents dollars, quoi, deux cents dollars ? C'est cool ?"

7. En 2014, Mme Mueller a été poursuivie en justice par son ancien assistant, qui a déclaré qu'il surveillait ses jumeaux pendant qu'elle se défonçait littéralement. Il a également affirmé qu'elle s'était livrée à des actes sexuels avec d'autres personnes alors que ses jeunes enfants étaient dans la pièce.

Rituels de Skull and Bones

Plusieurs sociétés secrètes prestigieuses, dont le Rouleau et la Clé, la Tête de Loup et le Crâne et les Os, sont basées à l'université de Yale. Plusieurs intrus se sont introduits dans la tombe du Skull and Bones au fil des ans, et ce qu'ils ont découvert comprenait des listes de membres d'une autre société secrète qui opère sur le campus. Le Rouleau et la Clé, la Tête de Loup, le Rouleau et la Clé, Phi Kappa Sigma et Skull and Bones sont tous des variantes de la même société secrète des Illuminati bavarois.

De nombreuses élites puissantes étaient des hommes d'os, et de nombreux squelettes de personnages historiques ont été conservés dans la tombe, comme celui de Geronimo. Alexandra Robbins, auteur de Secrets of the Tomb : Skull and Bones, The Ivy League, And the Hidden Paths Of Power, Alexandra Robbins, auteur de Secrets of the Tomb : Skull and Bones The Ivy League, And the Hidden Paths Of Power, affirme que même si les Bonesmen avaient exposé le crâne de Geronimo dans la tombe, il ne s'y trouverait probablement pas à l'heure actuelle. L'ordre est doté d'une grande richesse et ne révèle jamais les rituels qui se déroulent dans la tombe. La société Skull and Bones a été enrôlée auprès de la présidence, de dirigeants d'entreprises multimillionnaires et de personnes influentes sur la scène internationale. On prétend même que la tombe contient de l'argenterie et des bijoux ayant appartenu à Adolf Hitler. Dans la tombe, des rituels très bizarres et occultes sont pratiqués, tels que « boire du sang dans des crânes », un « simulacre de sacrifice humain », « embrasser des crânes » et intimider des initiés, ce qui correspond aux rituels de la franc-maçonnerie.

Un autre élément de leur rituel consiste à participer à un combat de Neil et, pire que tout, à se retrouver nus dans un cercueil pendant que d'autres se masturbent et révèlent leurs expériences et fantasmes sexuels les plus secrets. La société Skull and Bones possède également sa propre île privée, appelée « Deer Island », qui est connue pour être une destination de retraite pour les Bonesmen. **L'île Deer est située sur le fleuve Saint-Laurent, au sud d'Ottawa, et est le lieu de résidence des Skull and Bones.** L'association Russell Trust est propriétaire des biens immobiliers de la société et supervise l'organisation Skull and Bones. Elle est cofondée par Russell Gilman.

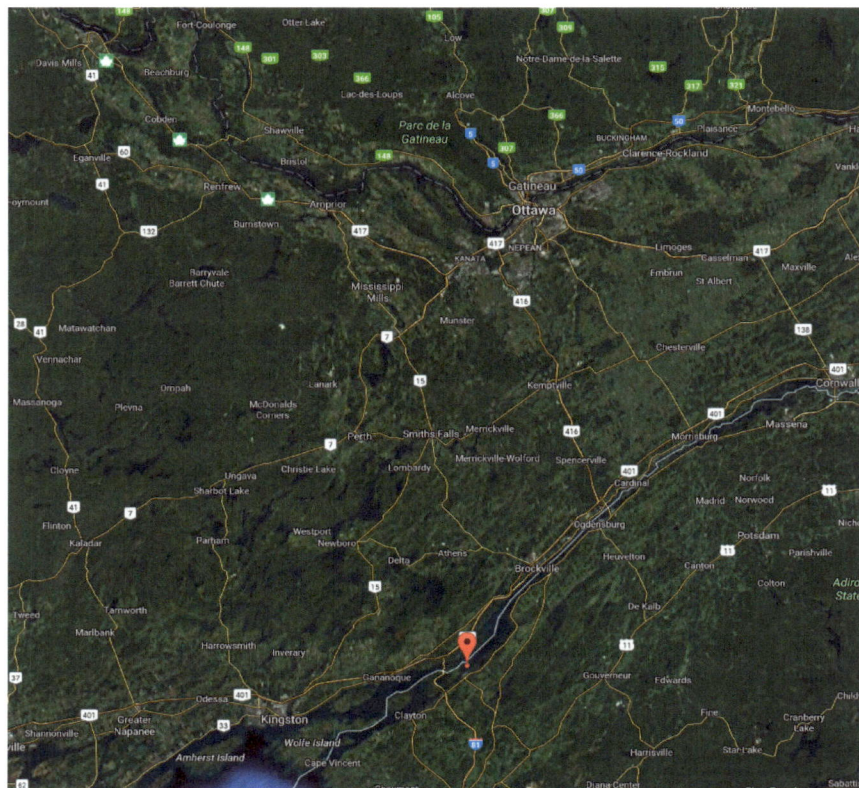

- Ce lieu de retraite de quarante acres est destiné à permettre aux bonesmen de se réunir et d'organiser des réunions ; il comportait autrefois des courts de tennis et des terrains de softball, entourés de rhubarbes et de groseilliers à maquereau. Tous les nouveaux membres de Skull and Bones visitent encore Deer Island dans le cadre de leur initiation à la société.

- Faisant partie des Mille-Îles, l'île Deer est située entre le Canada continental et les États-Unis. Elle appartient entièrement à l'association Russell Trust.

Les Skulls and Bones, ainsi que plusieurs autres sociétés secrètes riches et élitistes, ont pour objectif commun de faire avancer un programme mondial. Les Skull and Bones, c'est l'ambition mondiale et le secret ; un groupe qui, dans l'ombre, tente de dominer les vies. Skulls and Bones est une société qui permet à de jeunes étudiants de la lignée requise d'entrer dans des réseaux d'élite. À l'échelle mondiale, Skull and Bones est le centre du pré-succès ; il éduque ses membres sur la manière d'accéder au pouvoir et sur les objectifs qu'ils poursuivront.

- Le financement privé Les membres des Skull and Bones ont eu la mainmise sur des banques comme Brown Brothers Harriman & Co. Cette banque a joué un rôle important dans le financement du régime d'Adolf Hitler dans l'Allemagne nazie. Avec les nazis, elle a participé au blanchiment d'argent pour le compte de Prescott Bush.

Rituels à l'Université de Yale Skull and Bones

De nombreux étudiants de Yale ont déclaré avoir entendu des sons et des bruits étranges émanant de la Tombe des crânes et des os ; ces sons sont le résultat des rituels qu'ils pratiquent. Une forme de magie sexuelle tordue est pratiquée à l'université de Yale par les initiés de la société secrète Skull and Bones, qui comprend un certain nombre de présidents et d'hommes politiques de premier plan. Des journalistes infiltrés ont filmé les rituels de Skull and Bones et il apparaît que des prostituées professionnellement entraînées sont utilisées lors des cérémonies d'initiation. Dans le film « The Good Shepherd », réalisé par Robert De Niro, on découvre que les initiés de Skull and Bones, également connus sous le nom de Bonesmen, sont véritablement recrutés dans des familles aristocratiques américaines qui occupent des postes à responsabilité au sein du FBI, de la Maison Blanche et de la CIA.

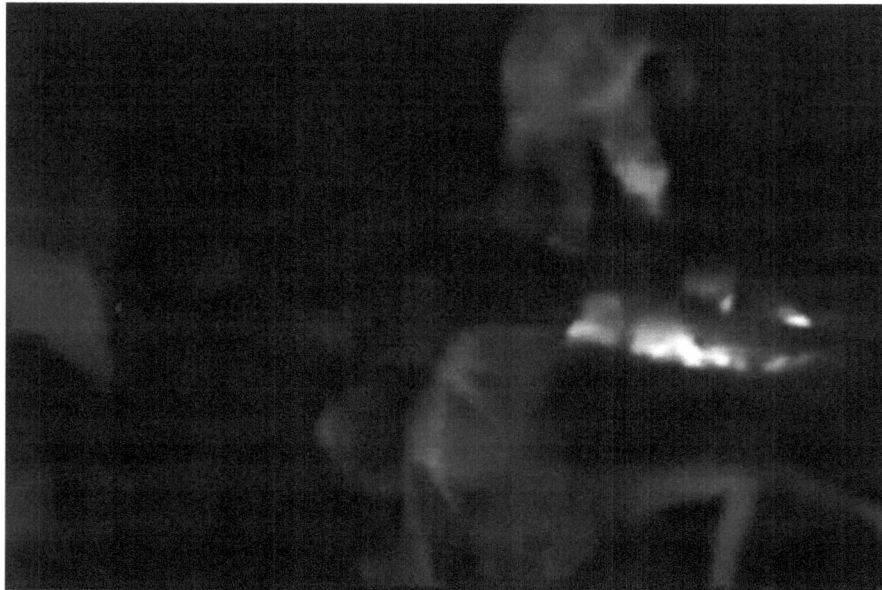

Chaque nouveau membre de la cérémonie des crânes et des os est montré sur une vidéo en train de s'agenouiller et de se prosterner devant le diable, l'un après l'autre, tandis qu'une femme nue est rituellement poignardée à l'aide d'un couteau, dans un esprit de dérision. Chaque initié est placé dans un cercueil par l'initié, qui noue ensuite un ruban autour de ses parties intimes. Tout en se masturbant, chacun est invité à s'ouvrir sur tout son passé sexuel. Les nouveaux initiés sont menacés de chantage s'ils dévoilent les secrets de l'ordre, car tous les secrets les plus sombres sont connus des autres Bonesmen. Ils sont désormais couverts de longues robes et leurs noms occultes ont été rétablis.

L'Aristocratie des Skull and Bones

Les futurs dirigeants du monde des affaires, de la banque, du droit, de l'armée et des médias, issus de riches familles américaines, sont éduqués par des branches distinctes de la confrérie des Skull and Bones dans chacune des universités américaines de l'Ivy League. Le centre de ce club d'élite est l'université de Yale, qui a été fréquentée par de nombreux présidents.

Les membres du réseau anglo-américain des Illuminati partagent également la même philosophie. Ils croient en l'existence d'un super-État unique et tout-puissant, dirigé par un seul chef mondial. La création d'un ancien dialecte par Hagel est un exemple de la manière de provoquer un conflit afin d'établir un système de profits, ce qui est en train de se faire. La société doit se soumettre à la doctrine philosophique hégélienne à laquelle adhèrent Skull and Bones et d'autres sociétés. Dans le cadre de cette philosophie hégélienne allemande, les concepts de liberté, de liberté de pensée et de liberté de choix ne sont pas pertinents. L'ordre des Skull and Bones oblige ses membres à se marier entre eux afin que leurs richesses restent au sein de l'ordre. Certains chercheurs affirment que chaque membre lie sa fortune à la société, ce qui garantit que ses descendants rejoindront la « Fraternité de la mort » à l'avenir. L'élite riche de l'Amérique est recrutée par la fraternité de la mort Skull and Bones. Tout comme les membres des familles riches qui sont à l'origine de certaines des marques les plus connues d'Amérique, la famille Bush a participé à six rituels à connotation satanique sur plusieurs générations.

Les Skull and Bones comptent environ 900 membres dans le monde et leurs rituels s'inspirent de ceux des Illuminati bavarois. William Donaldson est l'un des cinq hommes d'affaires que George W. Bush a invités à rejoindre son administration. Les candidats sont informés qu'après avoir été admis au sein des Skull and Bones, ils doivent rejeter fermement leur adhésion. Étant donné qu'aucun membre des Bones n'a jamais violé le code du silence, on ne peut que spéculer sur le conditionnement psychologique et le lavage de cerveau qui ont eu lieu à l'intérieur de la tombe. « Votre sang peut commencer à bouillir » si vous entendez les cris et les vociférations que les camarades de classe de Yale décrivent généralement comme ayant été entendus. Selon d'autres, les initiés sont également soumis à des tortures physiques et contraints de lutter dans la boue. Cette méthode était utilisée par la CIA et les programmes de lavage de cerveau de l'EST pour soumettre les gens à un régime de punitions et de violences verbales dans le but de les affaiblir physiquement et psychologiquement.

Skull and Bones les Saisons des Sacrifices

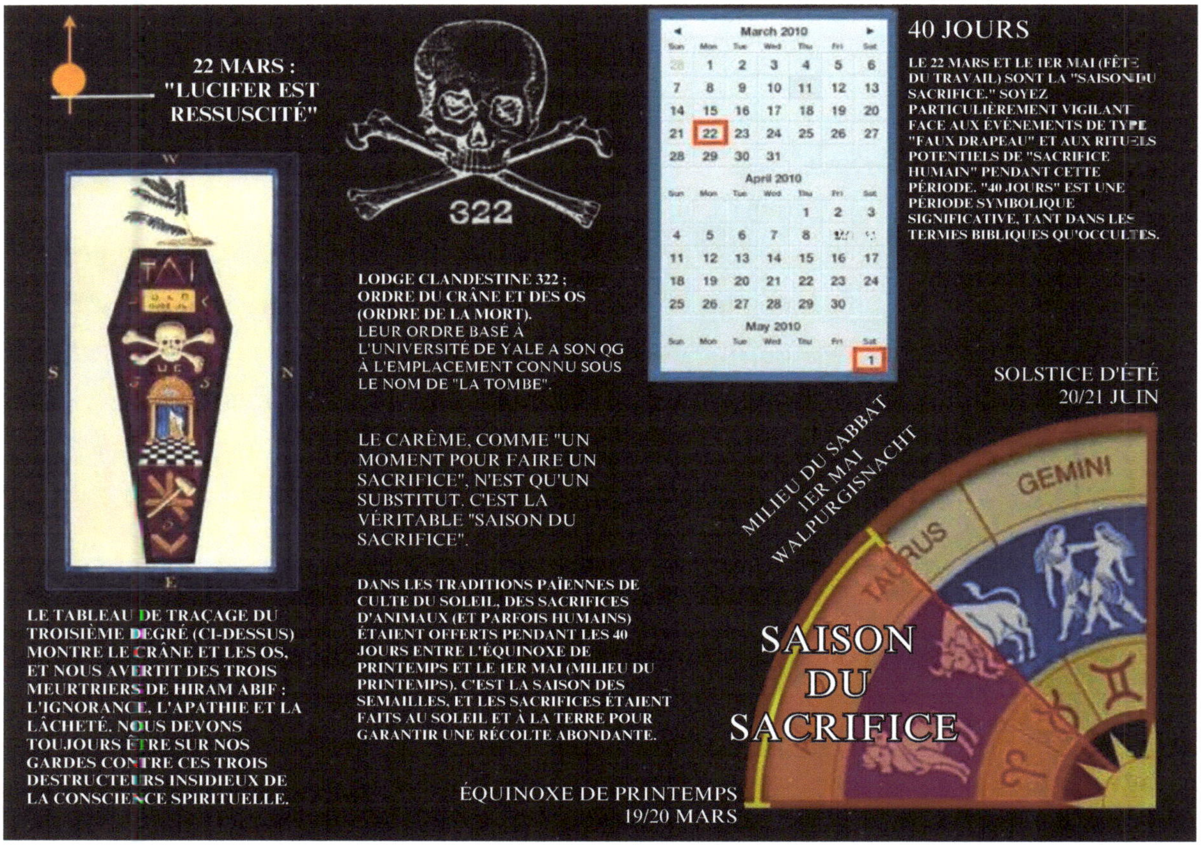

Rituels Bohemian Grove

Le San Francisco Bohemian Club est propriétaire de l'immense forêt privée connue sous le nom de Bohemian Grove, dans laquelle sont entrés par effraction l'animateur américain Alex Jones et son caméraman Mike Hanson. Depuis plus de 130 ans, le Bohemian Club organise chaque été deux semaines de rituels dans une forêt privée de séqucias de 200 acres.

- Les preuves de l'utilisation de la pendaison comme forme d'exécution remontent à l'invention de la corde du bourreau. Tout au long de l'histoire, on retrouve cette pratique dans de nombreuses cultures.

- Il existe également des rituels tels que « The Cremation of Care », un rituel maçonnique inspiré des spectacles de sacrifices humains de l'ancienne Babylone. Il s'agit également de rituels homoérotiques.

Les membres du Bohemian Club participent à un rituel annuel appelé « The Cremation of Care ». Il a lieu au Bohemian Grove, près de Monte Rio, en Californie, devant un monument de 40 pieds de haut représentant un hibou, sur un petit lac artificiel entouré d'un bosquet privé de séquoias anciens. Elle a été mise en scène devant les hommes politiques et les dirigeants les plus populaires et les plus connus du monde.

- De nombreux élitistes tels que Carter James A, George H.W Bush, Henry A. Kissinger, George Shultz et bien d'autres sont membres du Bohemian Club.

Le comité S1 du projet Manhattan s'est réuni à Bohemian Grove lorsqu'il s'est agi de créer l'équivalent moderne de la pierre philosophale pour saisir l'alchimie dans ce qu'elle a de plus profond. Il s'agissait de transformer l'uranium en plutonium, l'une des plus grandes énigmes de l'alchimie. Des hommes adultes écoutent le rire maniaque de Satan, vêtu d'une robe noire et d'un masque d'El, au milieu des arbres vieillissants. Bohemian Grove est l'aboutissement de milliers d'années de recherches alchimiques. Rien de moins que la naissance de la bombe.

Le rituel le plus connu, connu sous le nom de « care cremation », consiste à offrir une effigie à Moloch, un monument en béton de 40 pieds de haut, dans le cadre du rituel. Moloch, qui représente la fertilité et le sacrifice et est lié à Satan et à l'enfer, fait partie de la hiérarchie des démons. Le rituel du Bohemian Grove, qui intègre le Moloch, est clairement satanique et reste fidèle à l'histoire du club en matière de culte du diable.

Rituels de la Kabbale et des Rabbins Juifs

La Kabbale est écrite en codes, qui sont censés dissimuler des informations profondément complexes que de vils alchimistes étudieront plus tard. De nombreux scientifiques éminents, dont Sir Isaac Newton, ont étudié les vastes arcanes de la Kabbale. Le mysticisme, la religion, l'alchimie, l'astronomie et l'astrologie étaient autrefois étudiés dans le cadre d'une tradition cabalistique.

Le rabbin magicien a employé des méthodes telles que le jeûne, la flagellation et l'enterrement jusqu'au cou afin d'être prêt pour une rencontre avec les sept portes menant à l'arbre de vie cabalistique. La Merkabah est un monde qu'ils finiront par rencontrer à cet endroit. Certaines sectes juives pratiquaient une magie sexuelle rituelle. Les rabbins pouvaient sodomiser une prostituée, un jeune homme ou un enfant et appeler l'ange déchu Raziel jusqu'à ce qu'ils atteignent le plaisir sexuel. De nombreux temples comportaient des ouvertures dans les murs qui étaient utilisées pour des activités sexuelles. Le mot « sodomie » vient de la ville biblique de Sodome, où la magie sexuelle et les sacrifices de sang étaient très répandus.

De nombreux rabbins s'adonnent encore à une forme particulière de consommation de sang, qui consiste à sucer le sang du prépuce nouvellement formé des nouveau-nés. De nombreux rituels utilisés aujourd'hui par l'Église catholique, y compris le fait de manger symboliquement la chair du Christ et de boire son sang, trouvent leur origine dans d'anciennes pratiques juives. De nombreux types de vampirisme et de sacrifices sanguins étaient des pratiques approuvées dans cette culture. Après tout, le pape porte une Hanoukka. Au XIIe siècle, le rabbin Isaac l'Aveugle de Provence, en France, a transcrit le recueil de littérature connu sous le nom de Kabbale. Les anciennes pratiques magiques consistant à invoquer des anges démoniaques déchus et à assassiner quelqu'un avec le mauvais œil ont été consignées sur papier pour la première fois en 6 000 ans d'histoire (le billet d'un dollar représentant l'œil qui voit tout). Neuf aristocrates français intéressés par la Kabbale mettent la main sur les ouvrages kabbalistiques d'Isaac l'Aveugle. Le nom de « Templiers » a été donné à ces honorables individus. Une grande partie de la Kabbale est considérée comme ayant été influencée par le magicien mythique qu'est le roi Salomon.

L'une des principales raisons pour lesquelles les Templiers sont venus en Palestine était d'empêcher les musulmans d'apprendre quoi que ce soit sur les enseignements mystiques de la Kabbale. L'histoire du XIIe siècle témoigne d'une croisade révoltante faite de vols, de tortures, de meurtres et d'immoralité sexuelle. Après avoir pris connaissance des enseignements mystiques de la Kabbale, les Templiers se sont engagés à en détruire les origines afin d'être les seuls à en conserver les secrets. Selon les archéologues, il existe de nombreuses preuves que les temples de Jérusalem ont construit des tunnels. La croyance populaire veut qu'ils aient localisé le légendaire Saint Graal et l'aient ramené en Europe. Le Saint-Graal est un ensemble d'enseignements magiques plus avancés ; il ne s'agit pas d'un objet physique, mais plutôt d'un ensemble de connaissances qui ont des racines cabalistiques. L'ultime secret cabalistique, connu sous le nom de Saint Graal, affirme que la réalité est en fait une illusion et que la matière peut être modifiée molécule par molécule par le biais d'incantations utilisant des lettres et des chiffres hébraïques anciens.

Les Templiers français ont été capturés, torturés et tués après 200 ans de magie cabalistique et de croisades violentes impliquant la sodomisation rituelle d'enfants, de femmes et d'adultes. De nombreuses confessions font état de la sodomisation rituelle d'autres moines templiers, de l'invocation d'esprits malveillants et de l'incubation de ces esprits dans des animaux tels que des chats. Les châteaux des Templiers ont été dévalisés pour y trouver diverses reliques de magie noire. Il s'agissait notamment de crânes et de têtes séchées dans des coffrets d'argent. Ces têtes étaient appelées Baphomets par les Templiers. Les Templiers les plaçaient au centre d'une table circulaire et, au cours d'une séance de spiritisme, ils invitaient l'esprit de Lucifer à parler à travers la tête. Selon certains Templiers, la figure de Jésus était crachée et foulée pendant les rituels cabalistiques. Dans les loges de l'Ordo Templi Orientis, anciennement dirigées par Aleister Crowley, il s'agit d'une tradition satanique qui est encore suivie aujourd'hui. De nombreux Templiers ont eu recours à des pots-de-vin pour sortir de prison et se rendre en Écosse et sur l'île de Malte, en Méditerranée. On dit que lors des rituels templiers, les recrues étaient forcées de s'embrasser de manière inappropriée, qu'elles étaient accusées d'adorer des idoles comme le Baphomet et que l'ordre encourageait les comportements homosexuels. De nombreux Templiers ont donné des récits divergents de leur initiation qui impliquait des baisers illicites à la base de la colonne vertébrale, au nombril et à la bouche.

L'Ordre de l'Aube Dorée - Rituels des Sociétés Secrètes

L'« Ordre de l'Aube Dorée » est l'une des sociétés secrètes les plus influentes issues des Illuminati bavarois. Elle a été fondée en 1887 par William Wynn Westcott, un franc-maçon qui prétendait avoir déchiffré un code alchimique révélant les rituels d'initiation d'une société ésotérique secrète allemande. Westcott a déjà pratiqué plusieurs rituels occultes. Il a participé à la fondation d'une société maçonnique appelée « Societas Rosicruciana » en 1865, qui était motivée par la magie juive de la Kabbale hébraïque.

Ces rituels sont encore pratiqués lors des sessions d'étude de la Grande Loge Unie de Londres. Le siège londonien des Mark Masons a servi de lieu de réunion à la Golden Dawn pendant de nombreuses années. Des francs-maçons rivaux de haut rang se sont disputés la direction de l'influente société secrète victorienne. En 1891, Westcott perdit la direction de la Golden Dawn au profit de MacGregor Mathers, un puissant magicien franc-maçon. Ils créèrent de nouveaux rituels magiques et élurent les principaux membres de la noblesse britannique avec l'aide du poète W.B. Yeats. Un autre franc-maçon du nom de A.E. Waite prend la tête de la Golden Dawn en 1903.

Rituels Anciens - L'Aube dorée

1. Magicien franc-maçon de haut rang MacGregor Mathers
2. Poète W.B Yeats
- En 1903, un autre franc-maçon, A.E. Wait, prend à nouveau le contrôle de l'Aube dorée.

Deux associés de l'Aube dorée, M. et Mme Horos, ont été jugés pour viol à l'Old Bailey en 1901. Ils avaient utilisé la cérémonie d'initiation de l'Aube dorée pour séduire leurs victimes adolescentes. L'ordre n'était rien d'autre que de la franc-maçonnerie, avec l'ajout de sexe et de rites semi-sataniques. Le membre le plus célèbre de la Golden Dawn était « La Bête » en personne, Aleister Crowley, un sataniste avoué. Lorsque Crowley a pris contact pour la première fois avec l'Ordre de la Golden Dawn en 1898, il cherchait déjà à communiquer avec le diable. En 1900, Crowley fréquentait l'élite de la société britannique et discutait du culte du diable avec des politiciens maçonniques influents, des membres de l'aristocratie et de la royauté. Crowley pratiquait l'occultisme à plein temps et ne cachait pas son intérêt pour la franc-maçonnerie et le satanisme dans le cadre de son travail.

Crowley déclare dans son livre « Confessions » qu'il a été accepté dans la franc-maçonnerie à la loge anglo-saxonne de Paris. Il décrit également comment il est devenu maître de la Studholme Lodge, l'une des plus anciennes et des plus prestigieuses loges de Londres, qui compterait Tony Blair parmi ses membres. Crowley, qui partageait l'enthousiasme d'Albert Pike pour le diable, déclare dans son livre « Magic » que « le diable est le serpent Satan, il est la vie et l'amour, il est la lumière, et son image zodiacale est Capricornus, le bouc bondissant, la divinité ». Le « bouc de Mendès » apparaît souvent dans la pose du Baphomet dans les sociétés secrètes.

L'un des pères fondateurs de l'Amérique est représenté dans une statue de lui-même, franc-maçon de haut rang, assis dans la même position occulte que le diable à tête de bouc de Crowley. Crowley a pris la tête de l'Ordo Templi Orientis, ou OTO, une branche des Illuminati bavarois originaux, en 1912. L'OTO était une société secrète farouchement satanique, et Crowley a basé le rite d'initiation sur les rituels du 33e degré du rite écossais de la franc-maçonnerie.

Crowley affirmait que la fondation de l'OTO ramenait la franc-maçonnerie à ses origines Illuminati allemandes. Crowley était frustré par la formalité des rituels maçonniques et ne cherchait rien de moins qu'à danser avec le diable. Il considérait les niveaux les plus bas de la franc-maçonnerie comme une société sinistre qui n'était utilisée que pour des intérêts politiques et de statut.

Rites Sataniques et Rituels de Sorcellerie

Tous les rituels pratiqués ouvertement par les sociétés secrètes qui ont fait l'objet d'examens sont affiliés au satanisme. De nombreuses sociétés secrètes tirent leur influence et leurs rituels des rites du satanisme et de la sorcellerie. Le contexte et le matériel sont fortement influencés par les religions babyloniennes ou les anciennes religions païennes. Tous les rituels d'initiation des sociétés secrètes d'élite sont décrits comme des « arts royaux » et sont à peu près équivalents à la sorcellerie. Examinons enfin ce qui se passe à l'intérieur des arts royaux des sociétés secrètes et des ordres occultes. C'est l'exemple le plus simple et le plus bref que je puisse donner à tout le monde.

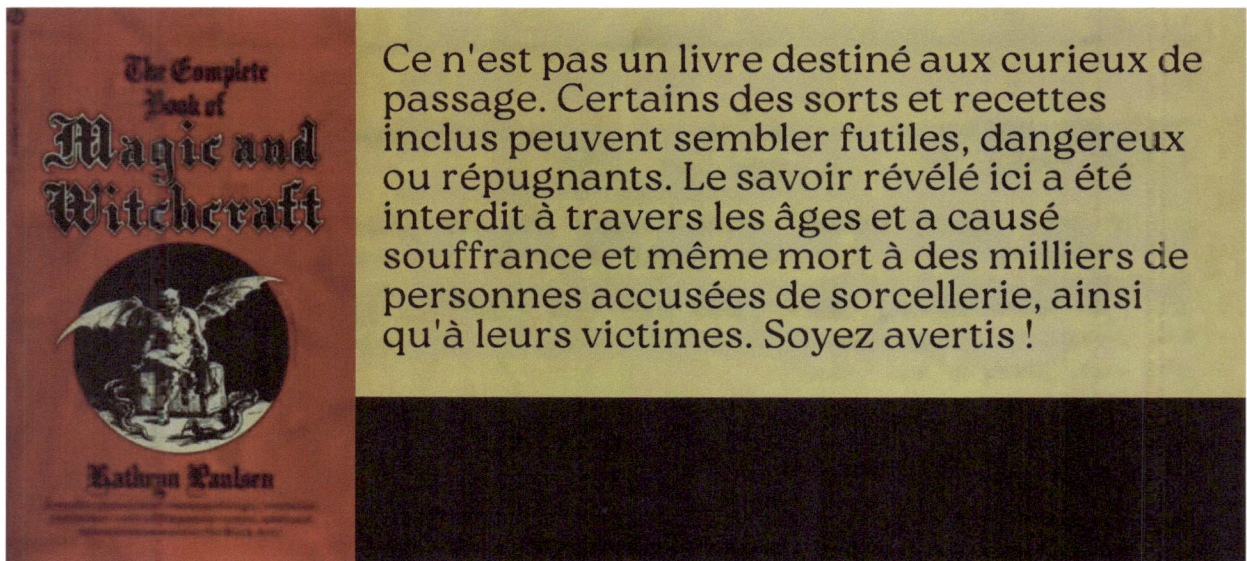

The Complete Book of **Magic and Witchcraft** Kathryn Paulsen

Ce n'est pas un livre destiné aux curieux de passage. Certains des sorts et recettes inclus peuvent sembler futiles, dangereux ou répugnants. Le savoir révélé ici a été interdit à travers les âges et a causé souffrance et même mort à des milliers de personnes accusées de sorcellerie, ainsi qu'à leurs victimes. Soyez avertis !

- La sorcellerie continue d'être pratiquée aujourd'hui alors qu'elle constituait autrefois un crime et une menace importants. Pour commencer, la loi sur la sorcellerie, adoptée par le Parlement en 1542, a fait de la sorcellerie un crime passible de la peine de mort au Royaume-Uni. Oui, la sorcellerie a été à l'origine d'infractions majeures dans de nombreuses nations à travers le monde. Nombre de ces lois étaient en vigueur dans des pays comme le Canada, l'Espagne, l'Allemagne et la Suède. Ses pratiques originelles sont toujours gardées secrètes aujourd'hui au sein des cultes et des sociétés secrètes, bien qu'elles aient été très populaires au cours de l'histoire.

Abracadabra - Sort

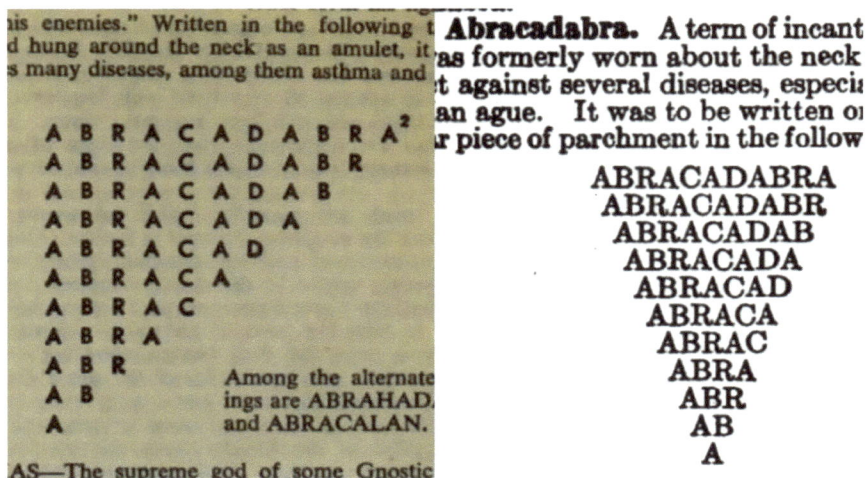

Photos des Manuels de Sorcellerie (à gauche) et de Franc-maçonnerie (à droite) - Morals and Dogma.

Le mot « ABRACADABRA » est écrit dans une forme triangulaire qui est une forme géométrique associée au « cercle magique » marqué par les praticiens de la magie noire. Cette forme permet à l'énergie de se former et d'être contenue à l'intérieur d'un cercle sacré. Le terme ABRACADABRA est un terme d'envoûtement utilisé dans un ensemble de mots, de formules ou de versets, pour poser un effet sur quelque chose.

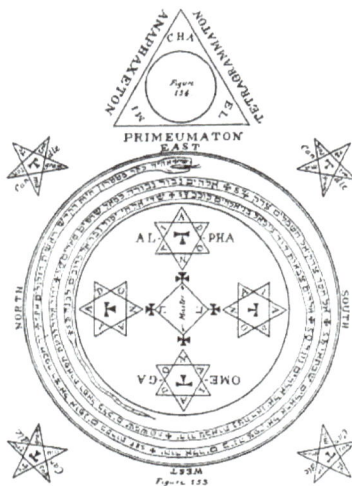

- Avada Kedavra et Abracadabra signifient tous deux « Je créerai quand je parlerai » et « Je détruirai quand je parlerai ». Ces expressions sont dérivées de l'ancien araméen et l'on pense que les sorcières les utilisaient pour jeter des sorts. Abracadabra est considéré comme un sort puissant et cohérent dans son fonctionnement. Pour bannir le mal de votre vie, écrivez cette phrase vers le bas ; pour attirer la chance, écrivez-la vers le haut. L'amulette Abracadabra était portée dans l'Antiquité.

Boire dans un Crâne Humain - Sorcellerie

Les sorciers, hommes et femmes, boivent tous deux dans un crâne humain, tout comme les francs-maçons de haut niveau. Toutefois, dans The Complete Book of Magic and Witchcraft, il est indiqué qu' ils **« dissolvent ou font d'abord bouillir la cervelle et le cœur de l'animal dans du vin nouveau ».**

"This is done by dissolving or boiling the brains and heart of that animal in new wine, and give anyone to drink out of the skull, and while the force of the draught operates he will fancy every living creature to be a bear like to himself; neither can anything divert or cure him until the fumes and virtue of the liquor are entirely expended, no other distemper being perceiveable in him."[3]
". . . if it (century) be joined with the blood of a female lapwing, or black plover, and be put with oil in a lamp, all they that compass about, shall believe themselves to be witches, that one shall believe of another that his head is in heaven and his feet in earth . . ." and if it be "put in the fire when the starres shine, it shall appear that the stars run on against each other and fight."[4]

Dans ce rituel particulier, il est demandé de **« boire la nuit de l'eau de source provenant du crâne d'une personne qui a été tuée ».** D'un crâne où quelqu'un a été assassiné ou sacrifié.

"Drink in the night at a Spring-water out of a skull of one that hath been slain. Otherwise eat a pig killed with a knife that slew a man."[48]

« Sinon, mangez un porc tué avec un couteau qui a tué un homme. » - **Le livre complet de la magie et de la sorcellerie**

Dans d'autres rituels, on brûle un coq vivant. Le sacrifice d'animaux est un ancien rituel utilisé pour plaire à une divinité ou pour conserver ses faveurs. Toutes les formes de sacrifices ou de matières mortes contiennent de l'énergie négative. **Le livre complet de la magie et de la sorcellerie**

burn a cock alive. Although cocks
onic, the black cock is sometimes
bird. *See* Alectorius.
yellowish red or pink, made from
by certain marine animals. Worn

Magie noire - Ornements Potions

La sorcellerie enseigne également les onguents de magie noire qui sont utilisés pour infliger des dommages corporels à autrui, ainsi que la signification astrologique des potions qui manifestent de fortes énergies les unes sur les autres.

> EUPHORBIA—a poisonous plant of the genus *Euphorbia* used in ointments and potions of witches. Euphorbia is under the rule of Mars and is used in fumes, charms, and potions for the working of the Martial magic, usually for death and destruction.

EUPHORBIA - « une plante vénéneuse du genre Euphorbia utilisée dans les onguents et les potions des sorcières, l'Euphorbia est sous la domination de Mars et est utilisée dans les fumées, les charmes et les potions pour le fonctionnement de la magie martiale, généralement pour la mort et la destruction. » **Le livre complet de la magie et de la sorcellerie**

La sorcellerie n'a pas de limites, elle condamne l'utilisation d'éléments magiques et sacrificiels pour nuire à autrui par le biais de forces énergétiques et spirituelles. La sorcellerie est en communion avec des êtres maléfiques, et c'est pourquoi les sorcières étaient bannies, attaquées ou tuées. **Le Complete Book of Magic and Witchcraft (Livre complet de la magie et de la sorcellerie)** contient des rituels permettant de « rendre une femme stérile », c'est-à-dire de faire en sorte qu'une femme ne puisse pas avoir d'enfant, par le biais de sorts et de malédictions de sorcellerie.

To make a woman sterile

> "The other enemies conquer with might; beat back, O Gatavedas, those that are not yet born! Enrich this kingdom into happiness, may all the gods acclaim this man!
>
> Of these hundred entrails of thine, as well as of the thousand canals, of all these have I closed the openings with a stone.
>
> The upper part of the womb do I place below, there shall come to thee neither offspring nor birth! I render thee sterile and devoid of offspring; a stone do I make into a cover for thee!"[27]
>
> The person casting the spell puts urine of a female mule into the food or drink of the victim.

Magie Noire et Préjudice

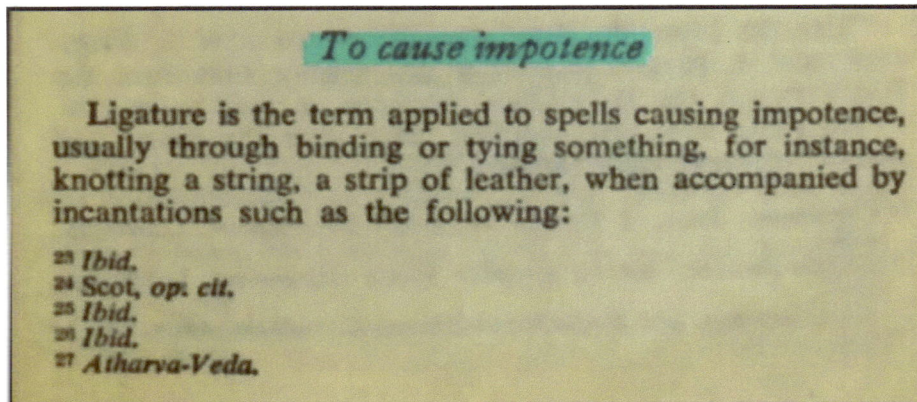

To cause impotence

Ligature is the term applied to spells causing impotence, usually through binding or tying something, for instance, knotting a string, a strip of leather, when accompanied by incantations such as the following:

[23] *Ibid.*
[24] *Scot, op. cit.*
[25] *Ibid.*
[26] *Ibid.*
[27] *Atharva-Veda.*

Les rituels de sorcellerie contiennent des substances nocives qui rendent un homme impuissant pour le reste de sa vie. Ce qui signifie l'incapacité d'un homme à obtenir une érection ou un orgasme, grâce à la sorcellerie. **Le livre complet de la magie et de la sorcellerie**

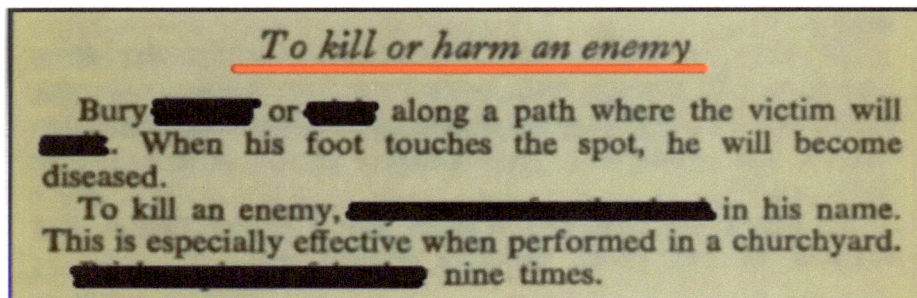

To kill or harm an enemy

Bury ████████ or ████ along a path where the victim will ████. When his foot touches the spot, he will become diseased.

To kill an enemy, ████████████████████ in his name. This is especially effective when performed in a churchyard. ████████████████ nine times.

Les rituels de sorcellerie mentionnent et enseignent directement comment tuer ou blesser un ennemi. **Le livre complet de la magie et de la sorcellerie**

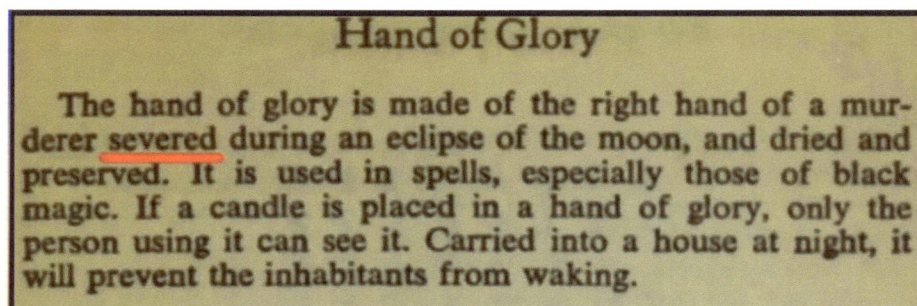

Hand of Glory

The hand of glory is made of the right hand of a murderer severed during an eclipse of the moon, and dried and preserved. It is used in spells, especially those of black magic. If a candle is placed in a hand of glory, only the person using it can see it. Carried into a house at night, it will prevent the inhabitants from waking.

Rituels de Magie Sexuelle

Le rituel de la main de gloire est un rituel utilisé à partir d'une main humaine morte conservée en magie noire. Encore une fois, il s'agit de sacrifices humains et de parties du corps de personnes décédées. Le livre complet de la magie et de la sorcellerie

> bols). The circle is often made of chalk or vermilion, but other materials, preferably composed by the magician himself, may be used. A black circle is most effective for operations of evil. The magic circle should be drawn with a new sword or rod, leaving an opening through which the magician enters. He must be careful to close the circle completely, and make it secure, or he may be in grave danger from demons. After composition, the circle is fumed with mace, which helps banish evil spirits. Within the circle is an altar facing east, covered with white linen and supporting two white wax candles. For spells of death and destruction, the candles and linen are black.

The Complete Book of Magic and Witchcraft - « Un cercle noir est le plus efficace pour les opérations maléfiques ». Le cercle noir est un espace sacré pour le travail rituel et l'obtention de la conjuration des esprits à l'intérieur d'un diamètre circulaire. Il crée un portail qui peut invoquer des esprits maléfiques d'autres dimensions. Traditionnellement, les cercles sont utilisés par les magiciens pour former une barrière protectrice entre eux et ce qu'ils invoquent. L'Heptaméron mentionne le cercle, « parce que le plus grand pouvoir est attribué aux cercles (car ils sont certaines forteresses pour défendre les opérateurs des mauvais esprits) ; en premier lieu, nous traiterons de la composition d'un cercle ».

> use of blood and sex in ritual was considered helpful for obtaining the necessary energy to successfully work magic or achieve mystical insight. The results of such practices

L'utilisation du sang et du sexe dans les rituels est considérée comme utile pour obtenir l'énergie nécessaire pour réussir à faire de la magie ou atteindre une vision mystique » - The Complete Book of Magic and Witchcraft (Le livre complet de la magie et de la sorcellerie). Ces mots et pratiques ont un lien direct avec les rituels sexuels des sociétés secrètes obscures telles que la franc-maçonnerie, l'OTO, la Golden Dawn, Skull and Bones, et d'autres encore. La magie sexuelle est l'idée que l'on peut utiliser l'énergie sexuelle pour aller au-delà de sa perception de la réalité. La « force de Dieu » et les « atomes impurs de la fornication » sont deux termes utilisés pour décrire l'orgasme dans la magie sexuelle. Toute forme de magie sexuelle, comme la « magie sexuelle noire », qui utilise l'orgasme pour obtenir des résultats magiques est censée acquérir des capacités favorables.

L'OTO présentait à l'origine les règles de la magie sexuelle dans ses degrés les plus élevés. Lorsque Crowley a pris la tête de l'ordre, il a développé ces enseignements et les a assignés aux différents degrés de la manière suivante :

1. **VIII° :** des techniques magiques masturbatoires ou autosexuelles sont enseignées, désignées comme le Petit Œuvre de Sol.
2. **IX° :** des techniques magiques hétérosexuelles ont été enseignées
3. **XI° :** rapports anaux des techniques magiques ont été enseignées

Hugh Urban, an Ohio State University professor of comparative religion, referred to Crowley's emphasis on sex as "the supreme magical power." As stated by Crowley:

- "L'humanité doit apprendre que l'instinct sexuel est ... ennoblissant. Les maux choquants que nous déplorons tous sont principalement dus aux perversions produites par les suppressions. Le sentiment de honte et le sentiment de péché provoquent la dissimulation, qui est ignoble, et le conflit interne qui crée la distorsion, la névrose et aboutit à l'explosion. Nous produisons délibérément un abcès et nous nous demandons pourquoi il est plein de pus, pourquoi il fait mal, pourquoi il éclate dans la puanteur et la corruption. Le Livre de la Loi résout complètement le problème sexuel. Chaque individu a le droit absolu de satisfaire son instinct sexuel de la manière qui lui convient physiologiquement. La seule injonction est de traiter tous ces actes comme des sacrements. On ne doit pas manger comme les brutes, mais pour pouvoir faire sa volonté. Il en va de même pour la sexualité. Nous devons utiliser toutes nos facultés pour promouvoir l'unique objet de notre existence"

Rituels de Sacrifices Humains et Animaux

C'est ici que les ténèbres s'épaississent encore davantage. « Des animaux, tels que des chats noirs, ou des enfants peuvent être sacrifiés ; les participants peuvent boire le sang du sacrifice. Une orgie de participants suit souvent la messe ». The Complete Book of Magic and Witchcraft (Le livre complet de la magie et de la sorcellerie).

> Sometimes its contents are poured on her body. For a love charm, a cake may be baked in a small oven that is placed upon her.
> Animals, such as black cats, or children may be sacrificed; participants may drink the blood of the sacrifice. An orgy of participants often follows the mass.

- De nombreux hommes d'affaires et politiciens fortunés enlèvent et tuent des centaines d'enfants chaque année dans le cadre de rituels sataniques impliquant des sacrifices humains, principalement en Afrique où le problème est encore répandu. Ils agissent ainsi parce qu'ils pensent que cela augmentera leur pouvoir. C'est une réalité que les médias et les organisations de défense des droits de l'homme ont documentée. (Sources : CNN, BBC News et Daily Mail)

African children trafficked to UK for blood rituals

By Chris Rogers
BBC News, Kampala and London

12 October 2011

(C) BRITISH BROADCASTING CORPORATION

Some 9,000 children have gone missing in Uganda over the past four years, according to a US report

Over the last four years, at least 400 African children have been abducted and trafficked to the UK and rescued by the British authorities, according to figures obtained by the BBC. It is unclear how they are smuggled into the country but a sinister picture is emerging of why.

Whether it is through leaflets handed out in High Streets or small ads in local newspapers, witch-doctors and traditional African spiritual healers are becoming ever more prominent in Britain.

Traffickers targeting Haiti's children, human organs, PM says

By **Tom Evans**, CNN
January 27, 2010 10:21 p.m. EST

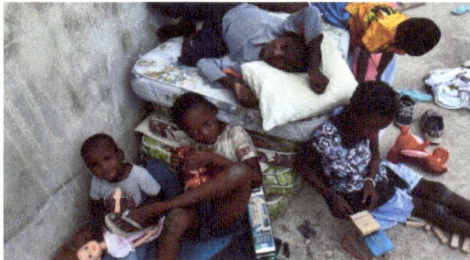

Part of complete coverage on
Haiti Earthquake

Haitians cope with wretched memories
updated Wed January 12, 2011
They filled the grounds in front of the collapsed cathedral in Haiti's capital Wednesday. To remember. To cope. To pray.

Why U.S. aid workers refuse to give up
updated Thur January 13, 2011
Can-Do founder Eric Klein spent most of 2010 in Haiti helping people recover from the devastating earthquake.

Children recently orphaned by Haiti's earthquake could be targeted for organ trafficking, Haiti's prime minister says

Haiti adoption: a new chance

Snatched on their way to school then castrated or decapitated: Horrifying rise in child human sacrifice in Uganda at the hands of witch doctors

- Witch doctors convince the rich that 'sacrifices' will increase their wealth
- Businessmen pay them 'thousands of pounds' to mutilate young children
- They are left to die after their genitals are removed, their heads sliced open
- Number of atrocities 'expected to rise' due to upcoming Ugandan elections

By JAY AKBAR FOR MAILONLINE
PUBLISHED: 03:38 EST, 17 June 2015 | UPDATED: 06:13 EST, 17 June 2015

Baiser de la Honte - Rituel

Les rituels sataniques ne peuvent être réalisés sans l'art royal de la sorcellerie, la science de la sorcellerie. Ces éléments contiennent « La graisse des jeunes enfants ». - **Le livre complet de la magie et de la sorcellerie.**

> 1. "The fat of young children, and seeth it in water in a brazen vessel, reserving the thickest of that which remaineth in the bottom, which they lay up and keep until occasion
> ² The word first appears in the records of the witch trials in Scotland in 1662. The word is derived from the same source as "convent," and the membership of thirteen might have been based on the number of Christ and his twelve apostles.
> ³ Reginald Scot, *The Discoverie of Witchcraft*, London, 1655.

- Selon vous, combien d'enfants disparaissent chaque année ? Selon le Centre international pour les enfants disparus et exploités, 8 millions d'enfants disparaissent chaque année. Croyez-vous qu'il soit possible de mettre en place un système secret à l'échelle mondiale ? Qui soit soumis à des peines et à des serments atroces ? Qui court directement devant nos bruits et croit que Lucifer est le Messie ? De nombreux dirigeants d'aujourd'hui, ainsi que de nombreuses sociétés bien connues, sont impliqués dans des réseaux de traite des êtres humains et de trafic sexuel, qui ont abouti à l'abus rituel de nombreuses victimes.

La sorcellerie ancienne vient du monde des esprits, un lieu inaccessible à la lumière physique, où des êtres spirituels ont enseigné à l'humanité l'art royal. Dans ce chapitre, (Page 31) **The Rites of Satanism and Witchcraft,** explique qu'un sabbat magique typique était **un hommage au diable.** Un sabbat est utilisé pour désigner un rassemblement de sorcières pour pratiquer la sorcellerie et d'autres rituels. Parmi les éléments diaboliques du sabbat des sorcières figurent la consommation de bébés, l'empoisonnement des puits et le baiser de l'anus du diable.

The Rites of Satanism and Witchcraft 31
serveth to use it," add eleoselinum, aconite, poplar leaves, mountain parsley, wolves-bane, and soot.
2. Belladonna, water parsnip, sweet flag, cinquefoil, bat's blood, oil.
3. Water parsnip, belladonna, aconite, cinquefoil, baby's fat, soot.⁴
Most of the recipes would certainly affect one's perceptions and sense of space and perspective, possibly to the extent of creating the illusion of flight.
For traveling to and from the Sabbat, witches would recite a magic formula such as: "Thout, tout, a tout, tout, throughout and about," and "Rentum Tormentum."⁵
The general order of a typical Sabbat was:
1. Homage to the Devil, usually performed as the Osculum Infame, kissing the hindquarters of the Devil.

180

Le « baiser de la honte » est un ancien rituel d'accueil du diable. De nombreuses sorcières embrassaient l'anus en guise d'adoration et de dévouement au diable. Le diable et les esprits attiraient les femmes grâce à cette pratique. Dans presque tous les récits de sabbat de sorcières qui ont été documentés, l'osculum infame - comme on l'appelait - est mentionné ; la majorité des aveux dans ces récits ont été obtenus par la torture. Après que le diable ait lu les noms sur les rouleaux de ses adeptes, le baiser aurait été offert au début du sabbat. Parfois, les sorcières s'approchaient de lui par derrière, à la manière infernale, avant de se retourner, de s'incliner, d'embrasser et de gratter son derrière. Après le baiser, les sorcières et le diable commençaient leur festin. On dit aussi que les sorcières ont embrassé le derrière de petits démons.

- Le rituel consiste à embrasser l'arrière-train du diable. L'ordre originel des Templiers a été reconnu coupable de ces mêmes rituels obscènes et démissionne aujourd'hui de la hiérarchie de la franc-maçonnerie. **Vous pouvez voir ici comment l'adoration de Baphomet par les Templiers est directement liée à sa symbologie franc-maçonne.**

Baphomet - Templiers et Franc-maçonnerie

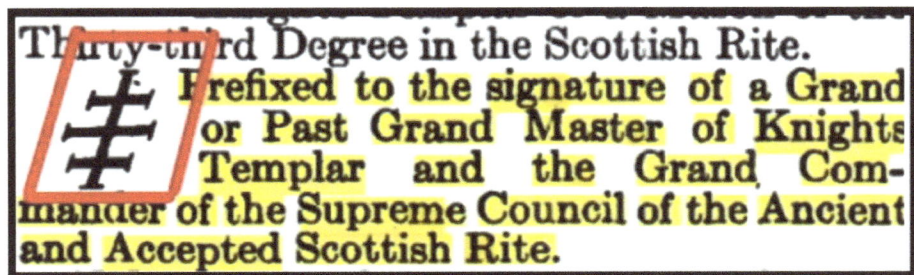

> Thirty-third Degree in the Scottish Rite. Prefixed to the signature of a Grand or Past Grand Master of Knights Templar and the Grand Commander of the Supreme Council of the Ancient and Accepted Scottish Rite.

Morals and Dogma

> **Azazel**—*(Hebrew)* taught man to make weapons of war, introduced c
> **Baalberith**—Canaanite Lord of the covenant who was later made a d
> **Balaam**—Hebrew Devil of avarice and greed
> **Baphomet - vénéré par les templiers comme un symbole de Satan**
> **Bast**—Egyptian goddess of pleasure represented by the cat
> **Beelzebub**—*(Hebrew)* Lord of the Flies, taken from symbolism of the
> **Behemoth**—Hebrew personification of Satan in the form of an eleph

Définitions du Terme Illustré dans le Temple Satanique

Hiérarchie des Démons et Exemple

- Dans une interview, le célèbre Bob Dylan admet avoir conclu un pacte avec le diable en faisant référence à « The chief commander, in a world we can't see » (Le commandant en chef, dans un monde que nous ne pouvons pas voir). Je vais vous montrer à quoi il fait référence.

> Following the completion of the magic circle, the magician is ready to embark upon his dealings with the infernal spirits. But first, whether his incantations be for good or evil, he has assured himself the blessings of God and the good angels through his preparatory prayers and consecration; and during the ceremony itself he may repeat additional prayers before conjuration. But although various names for God, such as Adonay, are used in magic, and angels assigned to planetary influence (see appendix table on government of planets), the hierarchy of demons occupies a more important place in both black and white magic rituals. Some of the most important demons are listed in the table of the hierarchy of spirits. However, many incantations include names of demons that are never listed or described elsewhere in the magic ritual; and the magician requires no direct knowledge of the functions of the demons. The conjuration itself is adequate.

- I. fait référence à la hiérarchie des démons qui occupent les rituels « noirs et blancs », qui sont symboliquement liés au plancher maçonnique. Une fois les rituels accomplis sur Terre, leurs effets sont transmis au monde spirituel par les démons. **Le livre complet de la magie et de la sorcellerie.**

- Le marché auquel le sataniste Bob Dylan faisait référence était « Satanachia » - **Commandant en chef** , qui est un autre nom pour Satan. Le **marché faustien** est un accord avec le diable par lequel une personne échange quelque chose d'une importance morale ou spirituelle suprême, comme les valeurs personnelles ou l'âme, contre un avantage matériel ou mondain, comme la connaissance, le pouvoir ou la richesse. C'est à ce marché que Bob Dylan faisait référence avec le « commandant en chef », comme il le dit.

Rites et Hiérarchies Sataniques

The Complete Book of Magic and Witchcraft - parle des cérémonies, tout ce qui est sacré est souillé.

> Nebiros—Field Marshall and Inspector   Ayperos
> General—power to work evil and to   Nuberus
> predict events; shows the secret   Glasyabolus
> powers of the natural world
> Magicians occasionally call upon elementals, the spirits
> that inhabit the elements. Sylphas are elementals that live
> in air; undines in water; salamanders in fire; and gnomes
> in earth.

- « **Vous avez suivi l'esprit du temps dans le système du monde... dominé par le chef des puissances spirituelles de l'air** », disent les Évangiles. Oui, il s'agit bien de Satan, l'ordonnateur ; soyez attentifs car nous vivons une période où les prophéties se réalisent en ce moment même. Les satanistes savent que, comme l'affirment les Évangiles, les esprits habitent aussi l'air. Lorsqu'on possède l'art royal, on peut appeler ces êtres maléfiques par leur nom. La sorcellerie et le satanisme ont une puissance mondiale parce qu'ils sont tous deux parfaitement réels.

> Nebiros—Field Marshall and Inspector   Ayperos
> General—power to work evil and to   Nuberus
> predict events; shows the secret   Glasyabolus
> powers of the natural world
> Magicians occasionally call upon elementals, the spirits
> that inhabit the elements. Sylphas are elementals that live
> in air; undines in water; salamanders in fire; and gnomes
> in earth.

- Ce démon Nebiros est illustré, comme 5e dans la hiérarchie des démons intitulée «**Inspecteur général** », et quel est le titre du plus haut degré dans la franc-maçonnerie ? Eh bien, c'est « **Inspecteur général** », le même titre qu'un démon vivant.

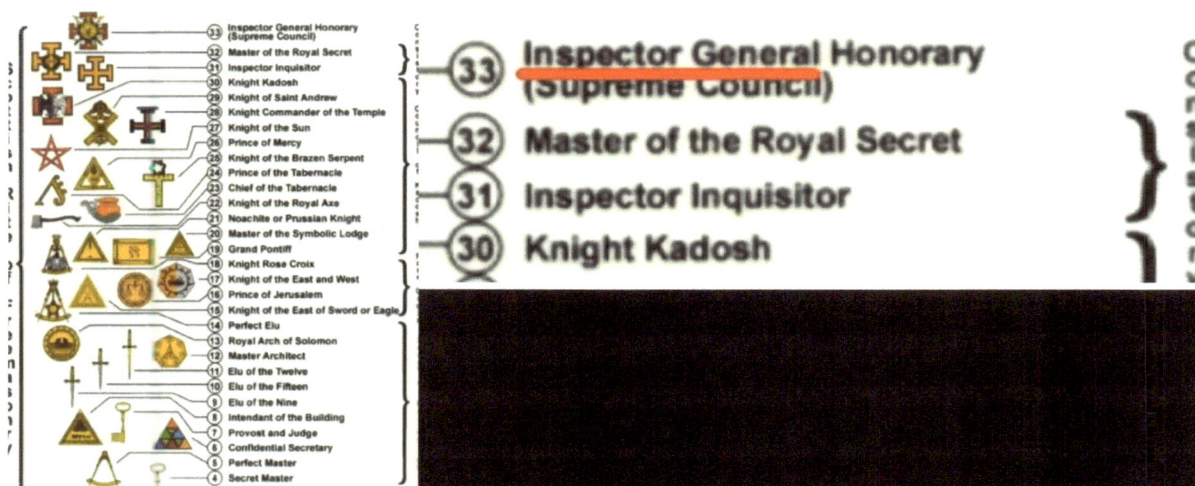

Aperçu du Symbolisme de la Sorcellerie et du Satanisme à Hollywood

- Vous comprenez maintenant pourquoi, il y a eu des procès et des lois sur la sorcellerie il y a plusieurs décennies. Mais devinez quoi, ces pratiques n'ont pas disparu, mais tombent entre les mains de sociétés secrètes d'élite aujourd'hui pratiquées par les personnes les plus influentes du monde. Oui, c'est le monde dans lequel nous vivons, et il est temps de se réveiller !

Voici des célébrités qui font vœu de silence et d'allégeance à leurs sociétés secrètes. Mais ce que les masses ne voient pas, c'est comment elles entremêlent le symbolisme de la sorcellerie et de la magie pour aller avec. C'est l'art royal de la sorcellerie, le monde du mal, où les satanistes sont au sommet de la hiérarchie mondiale.

- Kylie Minogue : Symbolisme du vœu de silence, tenant le livre intitulé « Magick ».
- Justin Timberlake : Afficher le symbolisme de l'œil qui voit tout par le biais d'un triple signe de la main (666) dans sa pochette intitulée « Magic ».

Cela signifie-t-il que Justin Timberlake est un sataniste ? Oui, c'est le cas, voici une citation tirée d'une de ses chansons. **Il est temps d'utiliser vos yeux, pas vos sentiments !** Arrêtez d'idolâtrer les célébrités.

« ÉCOUTEZ BIEN LES GENS, SATAN EST MON MAÎTRE, IL L'A TOUJOURS ÉTÉ » -JUSTIN TIMBERLAKE

Conjurer les Démons - Sorcellerie

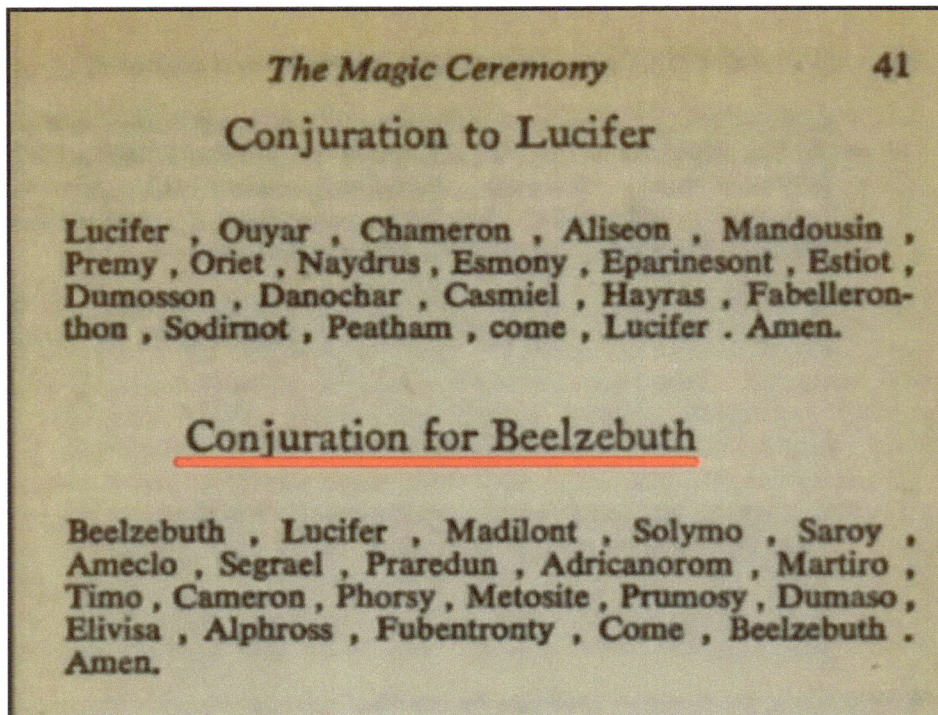

The Magic Ceremony 41

Conjuration to Lucifer

Lucifer , Ouyar , Chameron , Aliseon , Mandousin , Premy , Oriet , Naydrus , Esmony , Eparinesont , Estiot , Dumosson , Danochar , Casmiel , Hayras , Fabelleron-thon , Sodirnot , Peatham , come , Lucifer . Amen.

Conjuration for Beelzebuth

Beelzebuth , Lucifer , Madilont , Solymo , Saroy , Ameclo , Segrael , Praredun , Adricanorom , Martiro , Timo , Cameron , Phorsy , Metosite , Prumosy , Dumaso , Elivisa , Alphross , Fubentronty , Come , Beelzebuth . Amen.

Le Livre Complet de la Magie et de la Sorcellerie

Dans la sorcellerie, il est question de la conjuration des divinités démoniaques, qui sont considérées comme des esprits supérieurs dans la sorcellerie. C'est pourquoi les célébrités affichent leurs allégeances sataniques à travers leurs gestes symboliques, car elles pensent que cela leur donne du pouvoir et montre à qui elles appartiennent. C'est aussi la raison pour laquelle elles se réfèrent à « Satan » comme à leur maître, exactement comme dans la franc-maçonnerie.

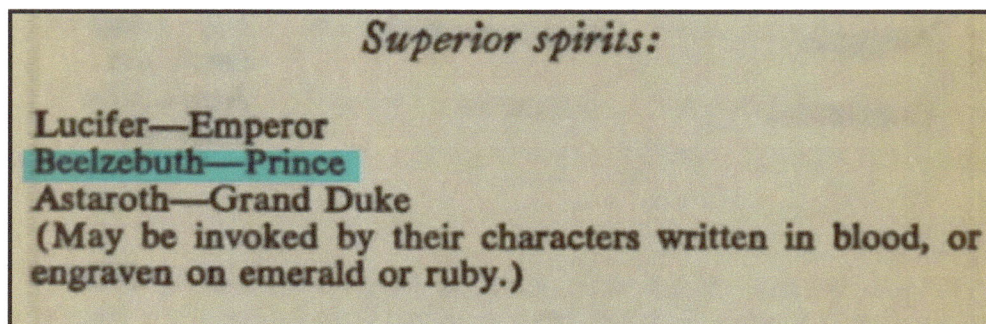

Superior spirits:

Lucifer—Emperor
Beelzebuth—Prince
Astaroth—Grand Duke
(May be invoked by their characters written in blood, or engraven on emerald or ruby.)

La religion de l'Œil Unique

Il s'agit du sceau de Saturne, présenté dans **The Complete Book of Magic and Witchcraft**, un sigle démoniaque utilisé dans tous les ordres occultes. Le culte de Saturne est le culte paganiste de Satan. Les sceaux et le symbolisme géométrique de Saturne sont utilisés pour dévorer son énergie et ses principes surnaturels.

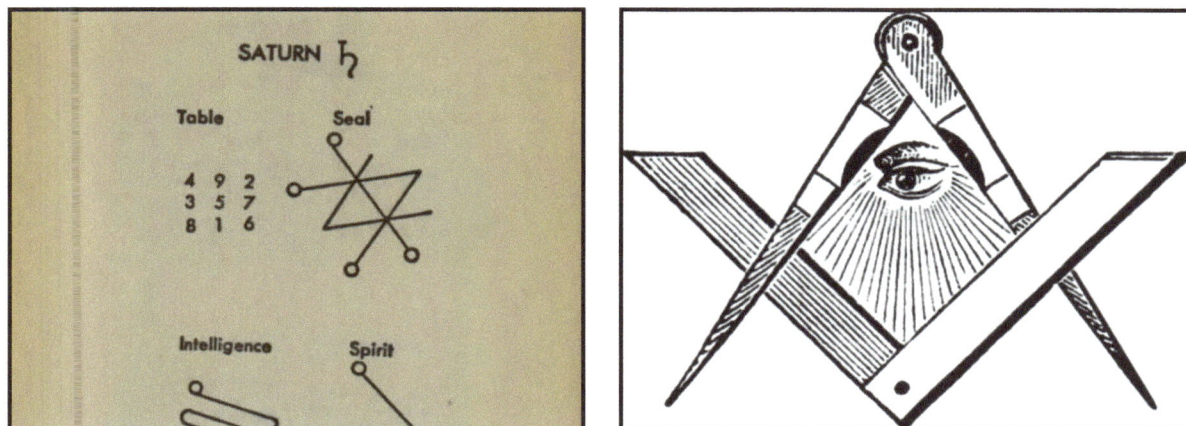

Voyez-vous, c'est la société qui vit parmi vous et au-dessus de vous, la religion borgne !

Plus révélateur encore, voici la rappeuse Azealia Banks qui affiche ses allégeances occultes à travers le symbolisme du All-Seeing Eye, l'œil du triangle des francs-maçons, sur sa chemise et dans son clip musical. Son libéral, son maître et son commandant n'est autre que le diable.

Sorcellerie et Magie Noire - Azaelia Banks

Voici une vidéo (captures d'écran) d'elle montrant des aperçus de l'art royal de la sorcellerie, comme elle le mentionne dans la vidéo « 3 ans de Brujeria, oui vous savez je dois gratter toute cette merde ».

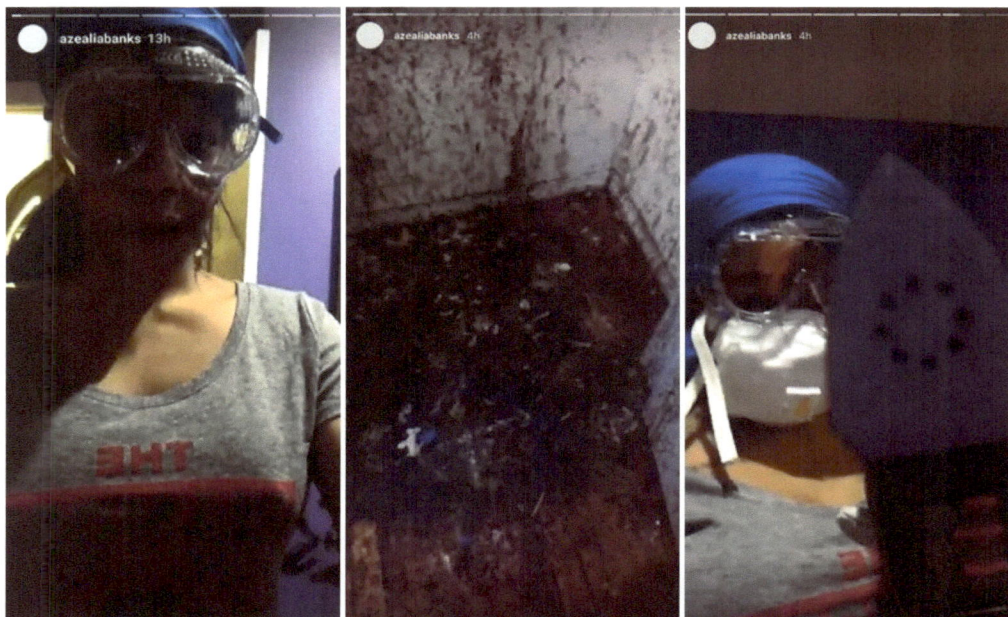

- Lorsque la caméra se déplace dans ce qui semble être un placard de l'appartement de Banks, la scène devient inquiétante. Le parquet de la pièce est recouvert d'un mélange de plumes et d'un matériau noir, et les murs semblent couverts de taches de sang séché. En outre, il semble qu'au moins deux poulets morts gisent sur le sol.
- "La quantité de merde qui est sur le point de tomber de mon plancher en ce moment même, les gars ? Oh mon Dieu », dit-elle dans la vidéo. "Vous savez que je dois gratter toute cette merde. J'ai ma sableuse et mes lunettes de protection - c'est sur le point de tomber. Les vraies sorcières font de vraies choses ».
- Au cours des trois dernières années, Banks aurait sacrifié des animaux et, en 2016, elle s'en est soudainement vantée en public.
- Dans une interview accordée en mars à Broadly, elle s'est déclarée « sorcière » et a expliqué que c'est sa mère qui l'a poussée à s'intéresser à ce sujet. Elle a déclaré : « Ma mère faisait de la magie blanche de table. Des prières pour les ancêtres, des prières pour les saints, des prières de purification et des prières pour toutes sortes de protections.

Symboles Lucifériens - Rites

- Le logo de la Grande Loge de la Franc-maçonnerie d'Espagne, qui est un symbole unique, est présenté ci-dessous.
- Les logos de la confrérie des francs-maçons et de la religion luciférienne espagnole (« Lucifer De Mayor »). Les emblèmes d'un œil sont les mêmes.

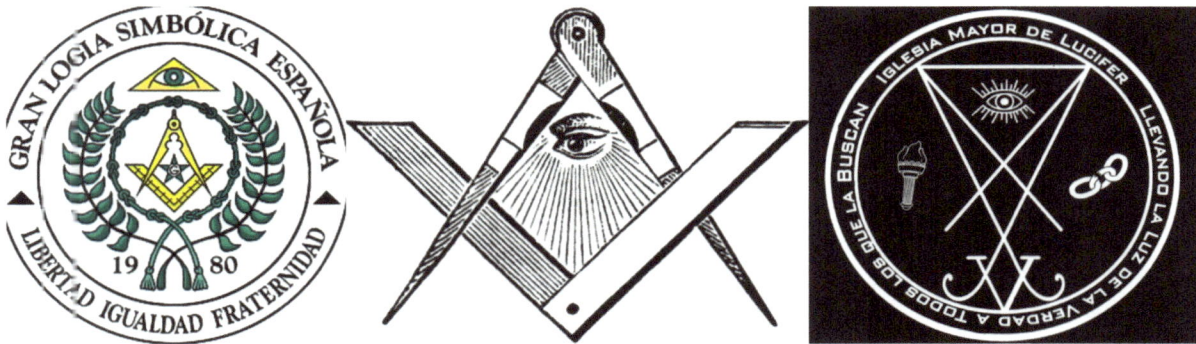

- Le symbole de Lucifer est un œil dont les rayons sont imités. Les satanistes appellent Lucifer la « barrière de lumière » ou l'« éclair » et le désignent également comme l'œil qui surveille et supervise. Le triangle représente à la fois la hiérarchie des ordres occultes et les propriétés magiques. Ces symboles s'inspirent de l'Égypte ancienne mais ont été modifiés pour correspondre à leurs idéologies.
- Dans le mythe romain, la planète Vénus était connue sous le nom de Lucifer (« porteur de lumière » en latin), bien qu'elle ait parfois été représentée sous la forme d'un homme tenant une torche. Variablement connue sous le nom de Phosphorus (qui signifie également « porteur de lumière ») ou de Heosphoros (qui signifie également « porteur d'aube »), le nom de cette planète est d'origine grecque.

Scandale Balenciaga et Rites Sataniques

Il est essentiel de comprendre comment les éléments de l'art royal de la sorcellerie sont imbriqués dans les plus grandes entreprises et les plus grands commerces du monde, maintenant qu'ils sont reconnus. Chaque vêtement populaire dans le monde a des racines occultes et s'inspire de ses œuvres d'art. L'une des photographies d'une récente publication de Balenciaga incluait un livre d'art réalisé par un artiste du nom de Micahel Borremans. Le peintre et réalisateur belge Michael Borremans est connu pour ses représentations de personnes vêtues de noir qui abusent, sacrifient et amputent des enfants. Balenciaga a été confronté à l'un des plus grands scandales d'apologie de la pédophilie et de la maltraitance des enfants de l'année 2022. Il est temps de boycotter toutes les marques sataniques !

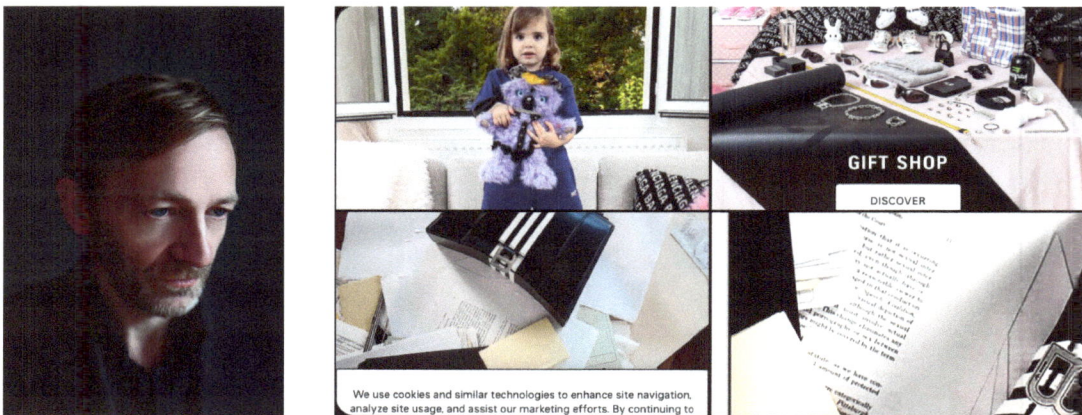

1.Photo de Michael Borremans
2.Photos du scandale Balenciaga

Après qu'une récente campagne publicitaire impliquant des enfants soit devenue virale, Balenciaga a connu de graves réactions dans les semaines qui ont suivi. Dans la même scene, des enfants tenaient des ours en peluche habillés en bondage. Le photoshoot comprenait également un document judiciaire montrant un arrêt de la Cour suprême dans une affaire de pornographie enfantine.

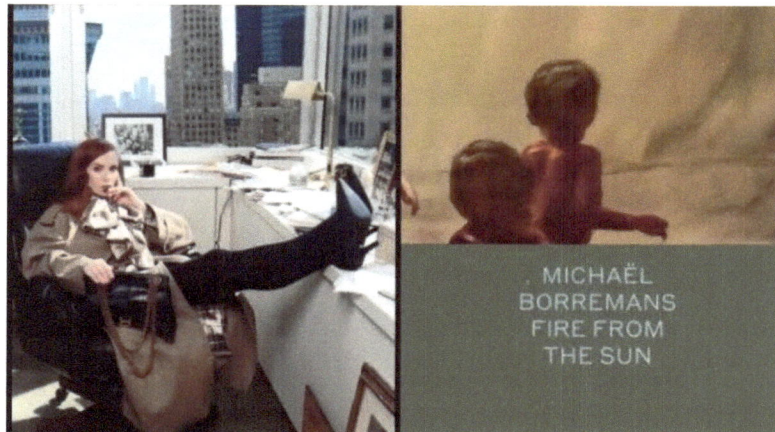

Œuvres d'Art Troublantes et Cannibalisme

Un livre intitulé « Fire From The Sun » datant de 2017 comprenait une compilation d'images montrant des groupes d'enfants nus jouant avec des membres coupés ou d'autres parties du corps manquantes tout en étant enduits de sang. Outre cette collection, Michael Borremans a publié d'autres œuvres d'art cannibales et rituelles. Les célébrités et les acteurs de l'industrie de la mode apprécient ses œuvres rituelles et cannibales.

- **Les images contiennent :** Les images de son artbook contiennent une série de peintures représentant des groupes d'enfants nus jouant avec des membres coupés ou d'autres parties du corps manquantes tout en étant couverts de sang. On y voit également du cannibalisme, des êtres humains mangeant d'autres parties du corps à même le sol.

- La styliste et consultante Lotta Volkova travaille avec des marques telles que Chanel, Adidas et Balenciaga. Elle a créé le label Lotta Skeletrix, basé à Paris, et emploie des collaborateurs dans le monde entier. Lotta Volkova, la styliste en chef de Balenciaga et d'Adidas qui est liée à tout ce scandale, ressemble à cela dans son art et ses centres d'intérêt. Voilà le genre de personnes qui travaillent pour ce genre d'organisations.

Posts Instagram de Lotta Volkova

Posts Instagram de Lotta Volkova - Sorcellerie, Satanisme, Abus d'Enfants

- **Message Instagram de Lotta Volkova :** les images contiennent : des sacrifices d'enfants à l'intérieur d'un autel pentagramme satanique devant le diable à tête de bouc, des enfants tenant des crânes, des abus d'enfants, des références cannibales d'ours en peluche, du sang, des abus d'enfants et du satanisme.

Le post Instagram de Lotta Volkova : Un enfant décapité avec des organes ouverts gisant sur le sol.

« SEX WITCH » - Voici d'autres illustrations de l'art de Lotta Volkova, la top designer d'Adidas et de Balenciaga. Ils qualifient ces images d'« art » puisque l'« art royal » en sorcellerie est un terme désignant des pratiques incluant la magie noire, le cannibalisme et les rites sataniques..

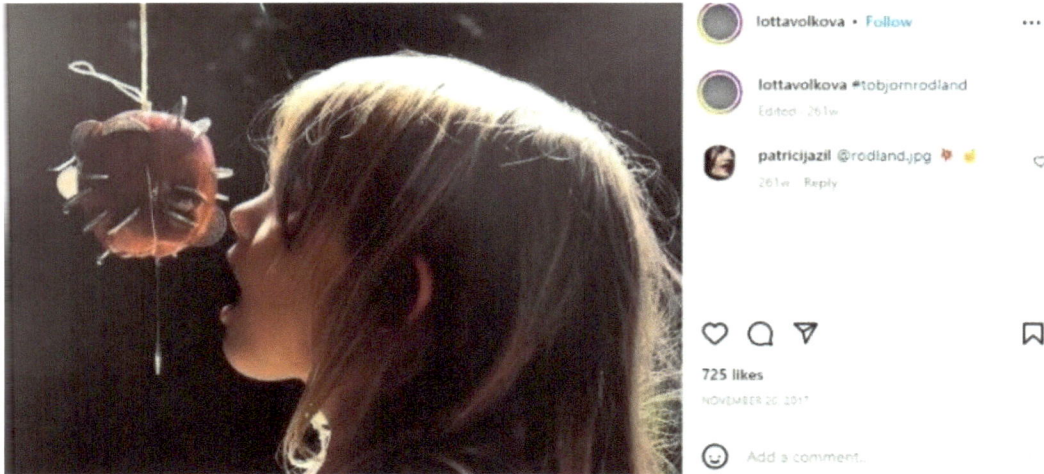

- **Les posts de Lotta Volkova - la grande créatrice de Balenciaga et d'Adidas.**

Plusieurs références aux enfants et au cannibalisme. Les enfants et le cannibalisme sont tous utilisés dans l'« art royal » de la sorcellerie satanique.

- **D'autres échantillons des posts Instagram de Lotta Volkova incluent la maltraitance des enfants.**

Textes tirés de « The Complete Book of Magic and Witchcraft » (Le livre complet de la magie et de la sorcellerie). **Tout s'explique maintenant, n'est-ce pas ? L'« art royal », comme ils le décrivent, est une référence pour les rituels et les objectifs de la sorcellerie satanique.**

- Extrait d'un livre officiel de rituels maçonniques - Richardson's Monitor of Freemasonry. L'« Art Royal » de la franc-maçonnerie est une société secrète consacrée aux rituels et aux praticiens de la magie noire.

Le « rituel satanique est un mélange d'éléments gnostiques, cabalistiques, hermétiques et maçonniques, incorporant une nomenclature et des mots vibratoires de pouvoir provenant de pratiquement tous les mythes ».

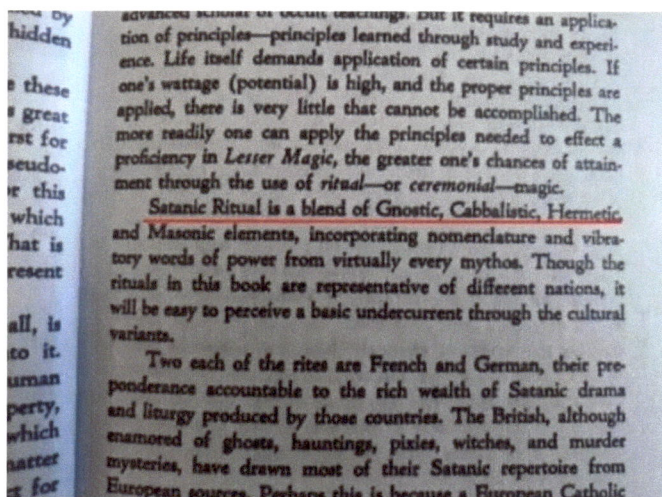

**Livre extrait de - The Satanic Rituals, Companion To The Satanic Bible - Anton Szander Lavey
(Fondateur de l'Eglise de Satan)**

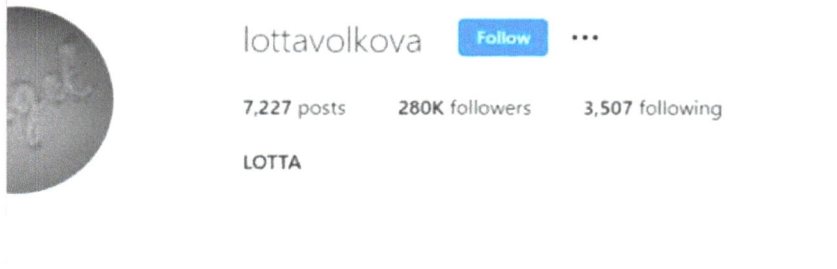

D'autres posts Instagram de Lotta Volkova incluent le cannibalisme où elle légende ses posts. « #cannibalotta » ou "cannibal lotta".

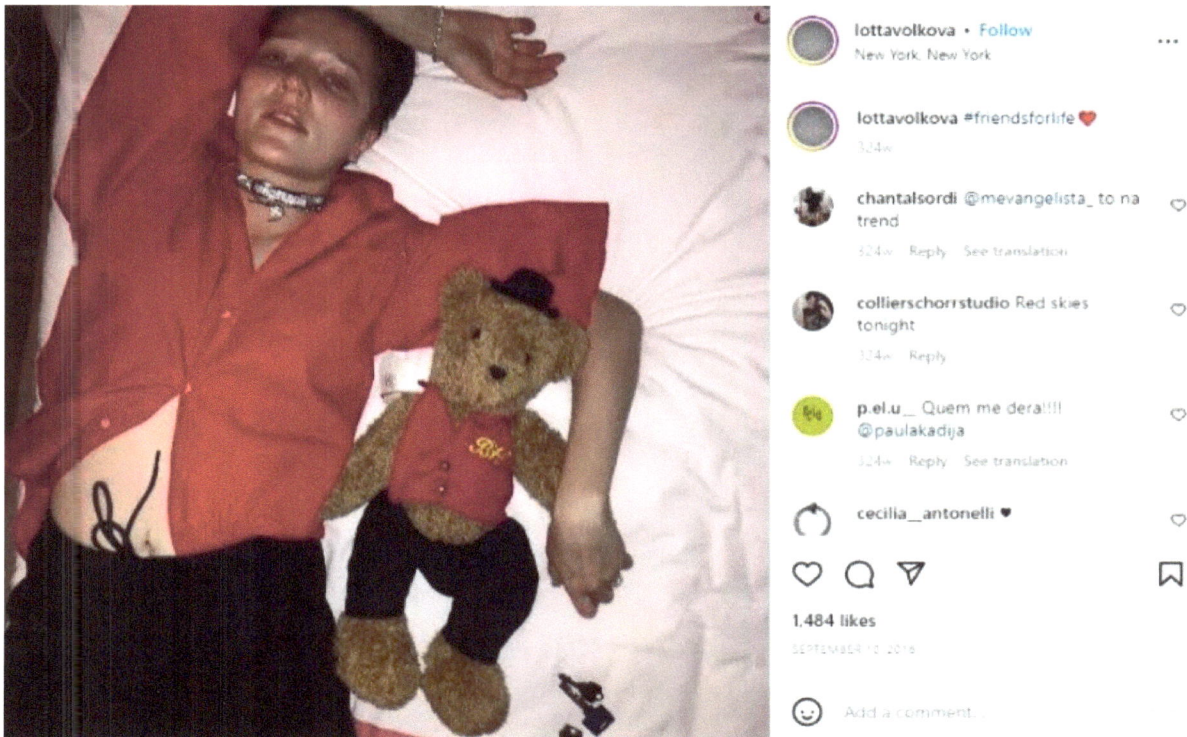

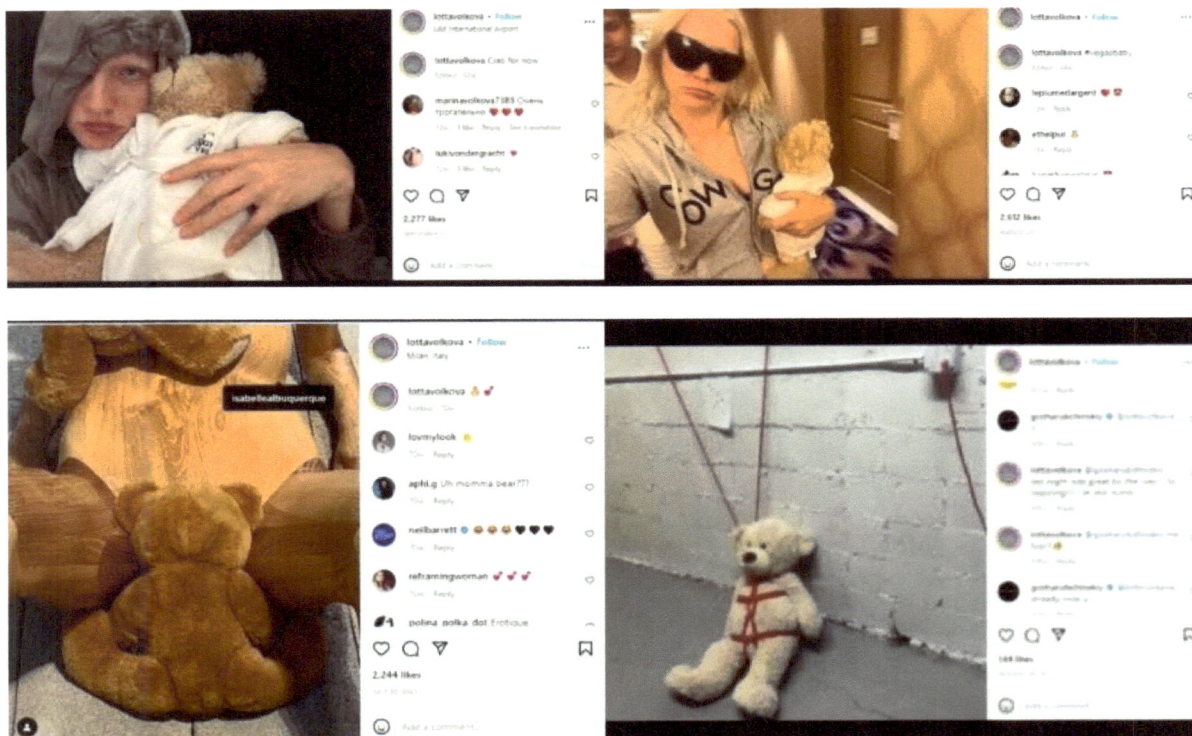

- Beaucoup de ses posts incluent un « ours en peluche » pour enfants, tout comme le post de Balenciaga qui a conduit à tout ce scandale. Dans le monde occulte, le mot « ours » fait référence au cannibalisme et à la pédophilie.

- Prêtez attention aux références cannibales et sexualisées aux ours qu'elle fait dans ses messages. Elle laisse souvent des indices sur ces allégeances troublantes à la vue de tous.

- Les plus grands carnivores terrestres sont les ours, qui peuvent être classés comme omnivores opportunistes pour la plupart. Une tactique de recherche de nourriture peu fréquente chez les ours est le cannibalisme, qui consiste pour un ours à consommer un congénère, soit en le charognant, soit à la suite d'une prédation intraspécifique. Les chercheurs ont proposé que les ours mâles participent au cannibalisme par prédation pour améliorer leur condition physique en consommant plus de calories et/ou pour réduire la compétition pour les ressources et l'accouplement.

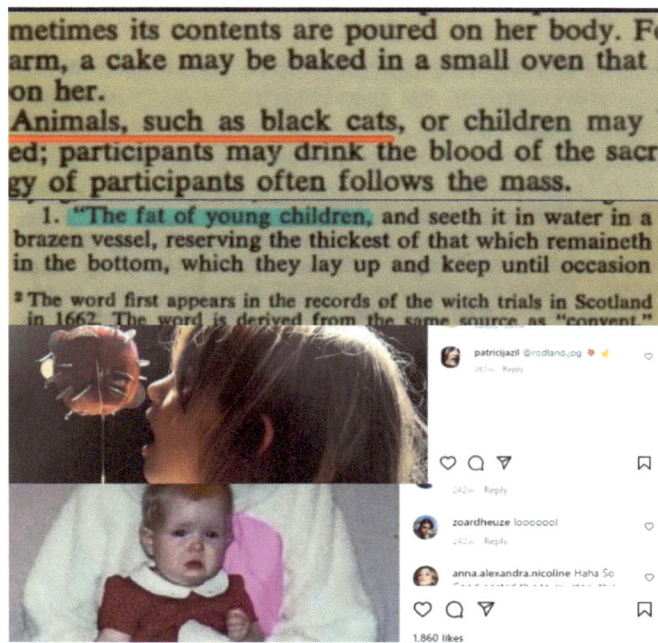

Textes tirés du livre intitulé « The Complete Book of Magic and Witchcraft » (Le livre complet de la magie et de la sorcellerie)

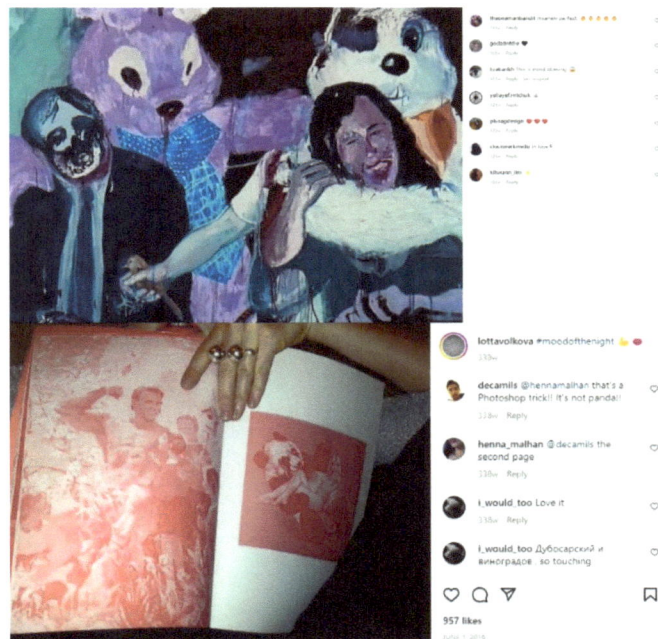

- Lotta Volkova, qui se décrit comme une « sorcière », est l'une des nombreuses personnes de ce calibre qui occupent des postes d'influence importants. Mais en fin de compte, elle a choisi de cacher son matériel en raison des réactions négatives du public.

Baal-lenciaga et le Scandale du Satanisme

Ba'al (hébreu biblique בַּעַל, prononcé ['baʕal], généralement orthographié **Baal** en anglais), parfois aussi appelé **"Bael"**, est l'un des sept princes de l'Enfer dans la démonologie chrétienne. Il est largement mentionné dans l'Ancien Testament comme l'idole païenne principale des Phéniciens, souvent associée à la déesse païenne Ashtaroth. Son nom est d'origine sémitique du Nord-Ouest.

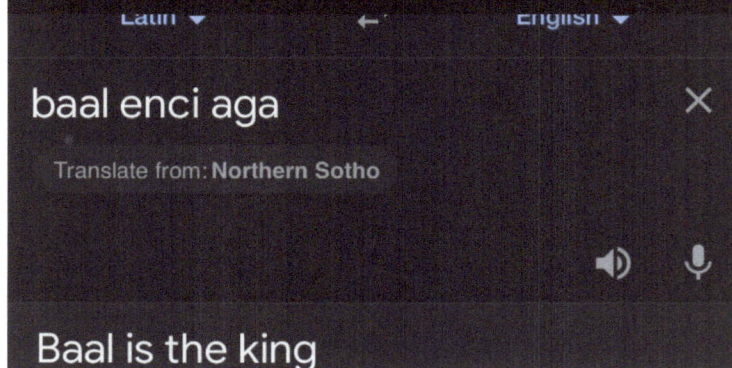

Latin ▼ ← English ▼

baal enci aga ✕

Translate from: **Northern Sotho**

🔊 🎤

Baal is the king

- Quand on traduit « BALENCIAGA » de l'anglais au latin, cela signifie « Baal est le roi ». Baal est une divinité démoniaque qui règne sur l'Orient et est le chef des puissances infernales. Il occupe le premier rang dans la hiérarchie de l'enfer. Baal est également le dieu maçonnique, comme indiqué précédemment. Les équivalents romains et grecs sont Saturne et Chronos.

- Les œuvres d'art rituelles et sataniques de Michael Borremans ont servi d'inspiration pour toute la ligne de vêtements Balenciaga.

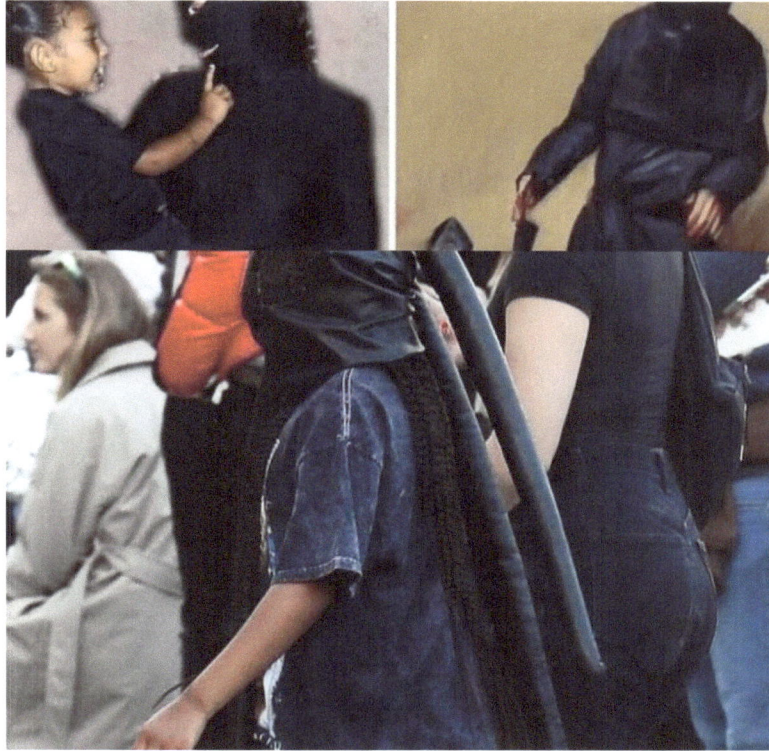

- Kim Kardashian, un esprit maléfique portant du Balenciaga - ou devrions-nous dire du « Baal-enciaga » - avec son enfant de 4 ans. L'esthétique générale est identique à celle du peintre belge Micahel Borreman.

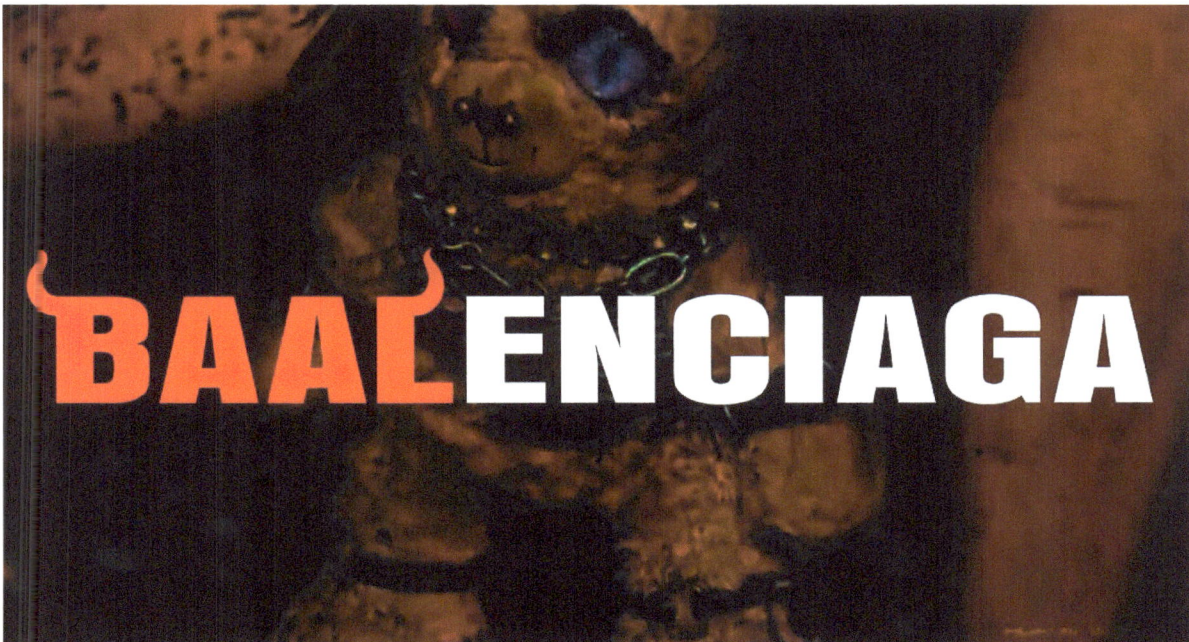

Les vêtements largement reconnus que tout le monde porte sont les mêmes, et l'art cruel saturnien est réalisé par plusieurs grandes organisations corporatives.

Balenciaga a été critiquée pour une campagne montrant des enfants étreignant des ours habillés de manière fétichiste et pour avoir exploité des photographies de cas d'abus sexuels sur des enfants. Balenciaga avait déjà collaboré avec une créatrice qui avait partagé sur sa page Instagram des photos de pédophilie, de cannibalisme, de maltraitance d'enfants et des photos ressemblant à des snuff movies. Malgré ce que leurs excuses suggèrent, les séances photos sont toutes planifiées, et pour que la campagne ait autant de succès, l'approbation de nombreuses personnes au sein de l'entreprise était nécessaire. Qu'en est-il vraiment ? La marque a temporairement suscité des critiques sur les médias sociaux pour ses activités, mais quelques mois plus tard, tout est rentré dans l'ordre. Les individus se sont-ils réellement réveillés à la suite de cet événement ? ou ont-ils continué à dormir ? Pour l'essentiel, il s'agit d'une affaire dont tout le monde se souvient, mais pas d'une leçon : le cannibalisme, la sorcellerie, le satanisme et la pédophilie se pratiquent dans les plus hautes sphères de la société. Bien que les médias laissent entendre que ces réalités sont des « théories du complot », cela a souvent été réfuté.

www.ingramcontent.com/pod-product-compliance
Lightning Source LLC
Chambersburg PA
CBHW041241020426

42333CB00003B/49

* 9 7 8 1 0 6 9 3 3 6 6 3 7 *